BASH
kurz & gut

Karsten Günther

Beijing · Cambridge · Farnham · Köln · Sebastopol · Tokyo

Kommentare und Fragen können Sie gerne an uns richten:
O' Reilly Verlag
Balthasarstr. 81
50670 Köln
Tel.: 0221/9731600
Fax: 0221/9731608
E-Mail: kommentar@oreilly.de

Copyright der deutschen Ausgabe:
© 2010 by O Reilly Verlag GmbH & Co. KG
2. Auflage 2010

Die Darstellung von Fischen im Zusammenhang mit dem Thema Bash ist ein Warenzeichen von O Reilly Media, Inc.

Bibliografische Information Der Deutschen Bibliothek Die Deutsche Bibliothek verzeichnet diese Publikation in der Deutschen Nationalbibliografie; detaillierte bibliografische Daten sind im Internet über *http://dnb.ddb.de* abrufbar.

Lektorat: Volker Bombien, Köln
Fachliche Unterstützung: Sven Riedel
Korrektorat: Korrektorat: Tanja Feder, Bonn
Satz: Karsten Günther, Elmshorn
Umschlaggestaltung: Linda Palo, Sebastopol und Michael Oreal
Produktion: Andrea Miß, Köln
Druck: fgb freiburger graphische betriebe, *www.fgb.de*

ISBN 978-3-89721-562-7

Dieses Buch ist auf 100% chlorfrei gebleichtem Papier gedruckt.

Für Conny und Kris

Inhalt

Vorwort

Die *Bourne Again Shell* (ein Wortspiel in Anlehnung an die klassische Unix-Shell von Steve Bourne), kurz BASH, ist die heute wohl meistgenutzte Anwenderschnittstelle unter Linux (und Unix). Sie wird interaktiv (siehe Teil 1), oft als Login-Shell, oder in Skripten (Teil 2) als Befehlszeileninterpreter eingesetzt.

Das vorliegende Buch beschreibt die wichtigsten Features der Version 4.1, die Chet Ramey basierend auf einer Arbeit von Brian Fox entwickelt hat.

Die Bash ist weitgehend POSIX-kompatibel, ist aber in vielen Modi wesentlich leistungsfähiger.

Autor und Verlag freuen sich über Rückmeldungen, Anmerkungen, Kritik usw. unter dieser E-Mail-Adresse:

kommentar@oreilly.de

Anmerkung: Die Informationen stammen aus der Bash-Manpage, der Bash-Reference und den Quelltexten.

In diesem Buch verwendete Konventionen

In diesem Buch gelten die folgenden typografischen Konventionen:

Kursivschrift
> Neue Begriffe, Stichwörter, Dateinamen und -erweiterungen, Verzeichnisse und Ordner sind kursiv gesetzt.

Nichtproportionalschrift

Mit diesem Schrifttyp sind Codebeispiele, Ein- und Ausgaben, Befehle, Namen von Bezeichnern, dargestellt.

Nichtproportionalschrift fett

Dieser Schrifttyp dient in Beispielen und Tabellen zur Kennzeichnung von Befehlen und anderem Text, der wortwörtlich eingegeben werden soll.

Nichtproportionalschrift kursiv

Damit sind in Beispielen, Tabellen und Befehlen die Teile markiert, für die benutzerdefinierte Werte eingegeben werden sollen.

Graue Schrift

Diese kennzeichnet optionale Bestandteile von Befehlszeilen. Die in den Man-Pages verwendeten [eckigen] Klammern sind irreführend, sodass sie (meistens) entfallen müssen.

Befehlszeilenoptionen

Beim Start einer Bash lassen sich – wie bei anderen Programmen – Optionen übergeben, um grundlegende Eigenschaften der Shell oder zur Ausgabe von (Debug-) Informationen vorab einzustellen.

Viele Optionen stehen GNU-typisch sowohl als Langoptionen (`--version`) als auch in Form von Kurzoptionen (`-v`) gleichwertig zur Verfügung. Langoptionen lassen sich abkürzen, sofern der angegebene Teil eindeutig ist. Sie sollen in der Befehlszeile *vor* Kurzoptionen stehen. Dies sind die Befehlszeilenoptionen der Bash (Version 4); viele sind nur beim Auftreten von Fehlern sinnvoll:

--debugger Aktiviert den erweiterten Debugger-Modus der Bash, analog zur Shelloption `extdebug` (S. 120); gleichzeitig wird `functrace` (S. 116) aktiviert.

-D, **--dump-po-strings**, **--dump-strings** Schreibt eine Liste aller PO-Strings in den Standardausgabekanal.

--version Gibt Versionsinformationen in den Standardausgabekanal und beendet sich erfolgreich (Rückgabewert 0).

--help Kurzhilfe; zeigt die verfügbaren Langoptionen und eine Syntaxbeschreibung.

--init-file, **--rcfile** *Konfigurationsdatei* Voreingestellt führt eine interaktive Bash beim Startup die Datei ~/.bashrc aus. In ihr enthaltene Befehlszeilen bearbeitet die Shell vollständig, sofern Fehler und/oder andere Optionen dies nicht verhindern. Mit dieser Befehlszeilenoption liest die Bash eine alternative Konfigurationsdatei ein, ~/.bashrc bleibt unberücksichtigt.

-l, **--login** Startet die Bash als Login-Shell, siehe Abschnitt *Bash als Login-Shell* (S. 14). Die Bash wertet dabei die zuerst gefundene Konfigurationsdatei /etc/profile, gefolgt von ~/.bash_profile oder ~/.bash_login oder ~/.profile (in dieser Reihenfolge) aus. Die Befehlszeilenoption --noprofile verhindert das Einlesen aller Konfigurationsdateien.

--noediting Deaktiviert die voreingestellt aktiven Editierfunktionen der Readline-Library, auch wenn die Bash als interaktive Shell startet. Normalerweise ist das wenig sinnvoll.

--noprofile Verhindert das Einlesen und Ausführen von Konfigurationsdateien beim Startup einer Bash. Interaktive (Login-) Shells lesen weder die systemweite Konfigurationsdatei /etc/profile, noch private ~/.bash_profile, ~/.bash_login oder ~/.profile.

--norc Verhindert das Einlesen und Ausführen privater Konfigurationsdateien ~/.bashrc beim Start interaktiver Shells. Dies ist voreingestellt, falls die Bash mit dem Programmnamen sh startet.

--posix Aktiviert den speziellen POSIX-Modus, siehe Abschnitt *POSIX-Modus* (S. 83). Das Verhalten einiger eingebauter Befehle und andere Features verändern ihr voreingestelltes Verhalten dabei.

-r, **--restricted** Aktiviert den eingeschränkten Shellmodus, siehe Abschnitt *Eingeschränkter Shellmodus: restricted shell* (S. 86). In diesem Modus bestehen aus Sicherheitsgründen nur sehr eingeschränkte Möglichkeiten.

-v, --verbose Aktiviert die Ausgabe von Befehlszeilen so, wie sie eingelesen wurden, vor ihrer Ausführung. Ohne weitere Optionen zeigt dies die verwendeten Konfigurationsdateien an.

-c *Befehlszeile* Die Bash führt nach Auswertung anderer Optionen die im Argument von -c angegebene Befehlszeile aus und terminiert anschließend. Diese Option sollte als letzte beim Startup angegeben werden, überzählige Argumente stehen als Positionsparameter (beginnend mit $0, siehe Seite 79) zur Verfügung.

-i Startet die Bash als interaktive Shell, aktiviert dafür die Editierfunktionen der Readline-Library und wertet als Konfigurationsdatei ~/.bashrc aus. Die Befehlszeilenoption --norc verhindert dies.

Beim Logout führt eine interaktive Bash den Inhalt der Konfigurationsdatei ~/.bash_logout aus.

-s Eingaben vom Standardeingabekanal lesen, was automatisch geschieht, wenn Argumente (die keine Optionen sind) nach dem Auswerten der Befehlszeile übrig bleiben. Auf diese Weise lassen sich Positionsparameter beim Aufruf interaktiver Shells übergeben.

+0 *Shelloption*, **-0** *Shelloption* Im Argument übergebene Shelloptionen reicht die Bash an shopt (S. 119) weiter. -0 setzt die Shelloption, +0 setzt sie zurück. Bei Fehlern gibt die Bash eine kurze Warnung aus.

+o *Shelloption*, **-o** *Shelloption* Analog zu 0, für lange Argument von set (S. 116). Die Bash verarbeitet alle Argumente von set in der Befehlszeile.

-- GNU-Pseudooption. Rechts davon stehende Wörter interpretiert die Bash nicht mehr als Optionen, sondern nur noch als Argumente bzw. Positionsparameter.

Anmerkung: Zusätzlich lassen sich bei Bedarf auch die Optionen des eingebauten Befehls set (S. 116) angeben.

Startup-Files

Die Bash liest voreingestellt beim Startup unterschiedliche (Konfigurations-) Dateien ein, um die Kompatibilität zu möglichst vielen Shells und Systemen zu gewährleisten. Welche Konfigurationsdatei tatsächlich ausgeführt wird, hängt von zwei Faktoren ab: Dem Startup-Modus (bzw. von Befehlszeilenoptionen, die ihn aktivieren) und dem Vorhandensein der gesuchten Konfigurationsdateien. Die zuerst gefundene Konfigurationsdatei wird eingelesen und ausgewertet. Weitere Konfigurationsdateien sucht die Bash dann nicht mehr.

Achtung: Viele Konfigurationsdateien lesen mittels source wiederum andere Konfigurationsdateien ein. So ist es beispielsweise nicht unüblich, alle interaktiven Shells mit einer speziellen Konfigurationsdatei mit gleichen Features (Funktionen, Alias-Definitionen usw.) auszustatten. Diese sieben Fälle unterscheidet die Bash:

Bash als interaktive Shell

Interaktive Shells, die keine Login-Shells sind, suchen als Konfigurationsdatei ~/.bashrc, sofern keine Alternative mit der Befehlszeilenoption --rcfile (oder --init-file) definiert wurde. --norc verhindert das Einlesen von ~/.bashrc.

Bash als Login-Shell

Login-Shells suchen nach mehreren Konfigurationsdateien (in dieser Reihenfolge): /etc/profile gefolgt von ~/.bash_profile, ~/.bash_login oder ~/.profile.

Login-Shells suchen beim Terminieren nach einer Konfigurationsdatei mit dem Pfad ~/.bash_logout. Ist sie vorhanden, führt die Bash ihren Inhalt unmittelbar vor dem Programmende aus. Die Option --noprofile verhindert das Einlesen aller Konfigurationsdateien.

Bash als nicht interaktive Shell

Nicht interaktive Shells, die zur Ausführung von Skripten verwendeten werden, benötigen normalerweise keine Konfigurationsdatei. Die Bash wertet trotzdem die Umgebungsvariable $BASH_ENV aus; ihren Inhalt interpretiert sie als Pfad zur Konfigurationsdatei. $PATH bleibt dabei unberücksichtigt. Das entspricht folgendem Bash-Code:

```
if [ -n "$BASH_ENV" ]; then . "$BASH_ENV"; fi
```

Durch die Befehlszeilenoption -l (bzw. --login) verhält sich die Bash wie eine Login-Shell.

Bash als sh-Shell

Eine mit dem Programmnamen sh gestartete Bash emuliert das Verhalten der Bourne Shell (und berücksichtigt den POSIX-Modus) weitgehend. Als Konfigurationsdatei sucht sie nach /etc/profile und ~/.profile, sofern dies die Befehlszeilenoption --noprofile nicht verhindert.

Als interaktive Shell wertet eine sh-Bash die Umgebungsvariable $ENV (S. 72) aus und interpretiert ihren Inhalt als Konfigurationsdatei. Anschließend wechselt eine sh-Bash in den POSIX-Modus.

Bash als POSIX-Shell

Durch die Befehlszeilenoption --posix aktiviert die Bash den POSIX-Modus. Interaktive Shells werten die Umgebungsvariable $ENV aus, um eine Konfigurationsdatei zu ermitteln.

Bash als Remote-Shell

Remote-Shells, also Shells, die von einem (Remote-) Dämon gestartet werden, etwa rshd, nutzen .bashrc als Konfigurationsdatei, sofern dies nicht die Befehlszeilenoption --norc verhindert. Die Optionen --rcfile (oder --init-file) erlauben es, abweichende Konfigurationsdateien zu nutzen, was aber nicht immer funktioniert.

Startup mit abweichender effektiver und realer ID

Unterscheiden sich reale und effektive UID oder GID, und wurde die Befehlszeilenoption -p nicht verwendet, liest die Bash keine Konfigurationsdateien ein und erbt auch keine Funktionen aus dem Eltern-Environment. Dies wird als *privilegierter Modus* (siehe Seite 87) bezeichnet.

Befehlszeilenbearbeitung

Interaktive Shells expandieren zunächst die Umgebungsvariable $PROMPT_COMMAND und präsentieren danach den Inhalt von $PS1 als Eingabeaufforderung. Der Anwender kann nun eine Befehlszeile eingeben, editieren, auf vorherige zurückgreifen, Teile aus ihnen extrahieren und in die aktuelle einfügen usw. Die Readline- und Historylibrary machen dies und vieles mehr möglich. Mit [Return], [Enter], [Ctrl][j] oder [Ctrl][m] beendet der Anwender die manuelle Bearbeitung und übergibt die Befehlszeile an die Bash. Diese wertet die Befehlszeile nach festen Regeln aus. Dazu zerlegt sie die Zeile in Token, führt Expandierungen – siehe Abschnitt *Expandierungen* (S. 37) – und Redirections – siehe Abschnitt *Umleitungen (Redirections)* (S. 26) – durch, ersetzt Variablen usw. Die Reihenfolge ist dabei wie folgt:

1. Klammerexpandierung, siehe dazu Abschnitt *Klammerexpandierungen* (S. 38)

2. Tildeersetzungen, siehe Abschnitt *Tildenersetzungen* (S. 39)

3. Parameter- und Variablenersetzung, siehe Abschnitt *Parameterersetzungen* (S. 40) und (48)

4. Befehlssubstitution, meistens auch Prozesssubstitution, siehe Abschnitt *Befehlsersetzungen* (S. 48) (und 49)

5. Arithmetische Expandierungen, siehe Abschnitt *Arithmetische Ausdrücke* (S. 50)

6. Wortersetzungen, siehe Abschnitt *Wortersetzungen* (S. 51)

7. Dateinamenexpandierungen, siehe Abschnitt *Dateinamen-expandierungen* (S. 52)

Klammerexpandierungen, Wort-, Prozessersetzungen sowie Dateinamenexpandierungen verändern die Wortzahl in Befehlszeilen.

Listen: Befehle verbinden

Die Bash erlaubt auf mehrere Arten Befehle miteinander zu verbinden. Wenn dabei keine Pipe – siehe Abschnitt *Pipe(line)s* (S. 18) – zum Einsatz kommt, wird die Verbindung von Befehlen als *Liste* bezeichnet. Es gibt es folgende Möglichkeiten:

- »;«: Verbinden durch Aneinanderhängen. Dies ist eine Variante der Befehlszeilenbearbeitung. Nach dem Ende der ersten Zeile (bis zum Semikolon) bearbeitet die Bash die folgende Zeile (die wieder bis zum nächsten Semikolon oder Zeilenende reicht). Die einem Semikolon folgende Zeile führt die Bash immer aus, unabhängig vom Ergebnis der vorhergehenden.

  (Dieses Shellfeature macht es erforderlich, in Argumenten von find das Semikolon zu maskieren.)

- »&&«: logisches UND oder *abhängige Ausführung*; die Bash führt die zweite Befehlszeile (ab &&) nur aus, wenn der erste Befehl erfolgreich war (Rückgabewert Null).

- »||«: logisches ODER, bzw. *alternative Ausführung*; die Bash führt die zweite Befehlszeile (ab ||) nur aus, wenn ein *Fehler* in der vorigen Befehlszeile (Rückgabewert ungleich Null) aufgetreten ist.

»&&« und »||« werden auch als *short circuit*-Tests bezeichnet, der Rückgabewert des letzten Befehls bestimmt den der Liste. Eine Kombination beider Tests ist möglich, siehe auch Abschnitt *Kontrollstrukturen* (S. 91):

```
cd /root/bin && ls || echo ERROR
```

Befehlsgruppen oder Befehlsblöcke

Eine Befehlsgruppe fasst mehrere Befehle so zusammen, dass die Bash sie als Einheit behandelt. Damit lassen sich Redirections auf die gesamte Einheit anwenden. Der Rückgabewert des letzten ausgeführten Befehls bestimmt den der Liste.

Den einfachsten Fall bildet die Ausführung in einer Subshell. Runde Klammern in der Befehlszeile interpretiert die Bash als Aufforderung, eine Subshell zu starten:

(█*Befehlszeile(n)*█)

Die Leerzeichen an den Klammern (hier mit █ gekennzeichnet) sind obligatorisch. Alle in den eingeklammerten Befehlszeilen enthaltenen Befehle führt die Bash in *einer* Subshell aus, die erst nach dem Ende des letzten Befehls terminiert. Veränderungen am Environment der Subshell gehen dann verloren und haben keinen Einfluss auf die aufrufende Shell.

Alternativ lässt sich eine Befehlsgruppe in der aktuellen Shell ausführen. Dies zeigen geschweifte Klammern an:

{█*Befehlszeile(n)*;█}

Leerzeichen an den Klammern und das Semikolon am Ende sind obligatorisch. In diesem Fall startet die Bash keine Subshell, Veränderungen am Environment bleiben bestehen.

Pipe(line)s

Pipelines (kurz: Pipes) verbinden zwei Befehle (Filter) in einer Befehlszeile so, dass der Standardausgabekanal des ersten direkt mit dem Standardeingabekanal des zweiten verbunden ist. Dies ermöglicht eine sehr effektive Datenverarbeitung. Das Symbol | zeigt dies an, siehe auch `time` (S. 125):

Befehl1 | *Befehl2* ...

Pipes können im Prinzip beliebig lang werden; neben eingebauten und externen Befehlen lassen sich auch Funktionen, Shellskripts und

Befehlsblöcke verwenden. Sofern die Pipe nicht asynchron (&) ausgeführt wird, wartet die Bash auf das Ende *aller* Befehle, bevor eine neue Befehlszeile bearbeitet wird.

In Shellskripten (aber auch in interaktiven Shells) dürfen Zeilen mit | beendet werden, ohne dass dies die Pipeline unterbricht:

```
...Befehl1  |
Befehl2...
```

Alle Befehle einer Pipeline führt die Bash in Subshells aus. Den Rückgabewert einer Pipeline übernimmt diese vom letzten ausgeführten Befehl, sofern die Shelloption `pipefail` nicht aktiviert ist. In diesem Fall wird der letzte von Null verschiedene Returncode zurückgegeben (oder Null, falls keine Fehler aufgetreten sind). Ein führendes Ausrufezeichen negiert den Rückgabewert einer Pipeline.

Anmerkungen: In manchen Situationen ist es gut, die innerhalb einer Pipeline weitergegebenen Daten auch darstellen zu können (ohne die Bearbeitung zu unterbrechen). Der (externe) GNU-Befehl `tee` erlaubt dies:

```
...Befehl1  | tee|  Befehl2...
```

Mit dem Schlüsselwort `time` (S. 125) ermöglicht die Bash, statistische zeitliche Informationen über die Bearbeitung in der Pipe anzuzeigen.

Besonderheiten interaktiver Shells

Shells, die für die direkte Interaktion mit Anwendern eingesetzt werden, sind mit dem (»kontrollierenden«) Terminal eines Anwenders verbunden. Speziellen Features wie History, Editierfunktionen, Alias-Definitionen, Kommentare und Komplettierungen erleichtern die Arbeit mit ihnen. Die Befehlszeilenoption -i startet eine Subshell als interaktive Shell. -s ermöglicht dabei das Setzen von Positionsparametern mit beim Start in der Befehlszeile übergebenen Argumenten.

Interaktive Shells lesen spezielle Konfigurationsdateien ein, siehe Abschnitt *Bash als interaktive Shell* (S. 14). Voreingestellt (ohne die Befehlszeilenoption --norc) verwendet die Bash ~/.bashrc. Interaktive Shells nutzen normalerweise (ohne die Befehlszeilenoption --noediting) die Readline-Library, die durch /etc/inputrc und ~/.inputenc konfiguriert wird. Zuvor ermittelt die Bash durch Auswerten der Umgebungsvariablen $INPUTRC den Pfad.

Wesentliche Verhaltensweisen und Features der Bash steuern Shelloptionen. Voreingestellt sind folgende aktiviert:

- interactive_comments (Kommentare mit # in Befehlszeilen)
- cdspell (aktiviert die automatische Korrektur für Verzeichnisnamen)
- expand_aliases (erlaubt Alias-Definitionen)
- huponexit (Shell sendet beim Terminieren SIGHUP an alle abhängigen Prozesse)

set -o history aktiviert die History – siehe Abschnitt *History* (S. 61) –, was bei interaktiven Shells voreingestellt ist. Dort deaktiviert set +o history dieses Feature. set -H (histexpand) ist in interaktiven Shells aktiviert und erlaubt weitgehenden Zugriff auf frühere Befehlszeilen mittels »Bang« (!, Historyexpandierungen).

Interaktive Shells ignorieren die Optionen execfail und set -n sowie die durch Tasteneingaben generierten Signale SIGTTIN, SIGTTOU und SIGTSTP. Falls ignoreeof gesetzt ist, (voreingestellt ist dies bei interaktiven Shells nicht der Fall), führt EOF zum Terminieren der Bash.

Die Umgebungsvariable $IGNOREEOF legt fest, wie viele EOF-Zeichen zum Beenden einer interaktiven Bash erforderlich sind. Voreingestellt ist ein Wert von 10. Existiert diese Variable nicht (ist also ungesetzt), terminieren auch interaktive Shells beim Auftreten eines EOF. Fehler bei Umleitungen (Redirections) führen *nicht* dazu, ebensowenig wie Fehler von exec oder Parserfehler.

Die Wirkung von set -u (Prüfung auf ungebundene Variablen) ist voreingestellt aktiv.

Hintergrundprozesse (Jobs), Alias-Definitionen und History stehen voreingestellt nur interaktiven Shells zur Verfügung.

Weiterhin setzen interaktive Shells eine Reihe von Umgebungsvariablen, bzw. werten sie aus:

$HISTFILESIZE (S. 77) enthält die maximale Anzahl von Befehlszeilen, die die Bash in eine Historydatei schreibt. Falls sie ungesetzt ist, verwenden interaktive Shells den Wert 500.

$TMOUT (S. 76) legt die Zeit in Sekunden fest, nach der interaktive Shells automatisch terminieren, falls sie keinen Eingabekanal nach Ausgabe des $PS1-Prompts erhalten. Dieser Prompt expandiert *vor dem Einlesen* der Befehlszeile, unmittelbar nach Auswertung von $PROMPT_COMMAND. Das gilt auch für Folgezeilen: Zunächst expandiert eine interaktive Bash $PS2, dann erfolgt das Einlesen.

Die Shellvariable $- enthält bei interaktiven Shells immer »i«, was folgende Tests ermöglicht:

```
case "$-" in
  *i*) echo This shell is interactive ;;
    *) echo This shell is not interactive ;;
esac
```

Die Umgebungsvariablen $MAIL, $MAILPATH und $MAILCHECK steuern, ob und wie oft die Bash E-Mail-Dateien überwacht.

Expandierungen mit Warnungen vom Typ ${*Parameter*:?*Wort*} führen bei nicht interaktiven Shells zu Fehlermeldungen und dem Terminieren der Shell, interaktive Shells ignorieren sie.

Voreingestellt, ohne Traps, ignorieren interaktive Shells das Signal SIGTERM (kill 0 beendet sie *nicht*). SIGINT wird ausgewertet, wodurch sich wait (S. 130) und andere Builtins abbrechen lassen.

Beim Terminieren einer interaktiven Bash sendet diese das Signal SIGHUP an alle abhängigen Prozesse. Bereits gestoppte Prozesse erhalten zuvor das Signal SIGCONT, um SIGHUP auswerten zu können.

Im POSIX-Modus terminieren interaktive Shells nicht bei Fehlern von *Speziellen Builtins*.

Prompt(s)

Die Bash zeigt mit dem Prompt (*Eingabeaufforderung*) die Bereit-schaft, Befehlszeilen(teile) anzunehmen. Vier bzw. fünf Variablen steuern das Aussehen und die Funktionalität des Prompts.

Vor Ausgabe des primären Prompts ($PS1) expandiert die Bash die Variable $PROMPT_COMMAND. Diese kann im Prinzip beliebigen Code ausführen, sollte aber, um vernünftige Interaktionszeiten einzuhal-ten, nur kurzlaufende – wenn möglich eingebaute – Befehle starten. Allerdings lassen sich auch externe Befehle verwenden, ihre Ausga-ben darstellen, Rückgabewerte auswerten usw.

In den Promptvariablen haben die unten zusammengefassten Me-tazeichen eine besondere Funktionalität. Sie erlauben spezielle In-formationen und Darstellungen, allerdings nur in den als Prompts dargestellten Variablen.

Folgende Variablen stellen die vier kontextabhängigen Prompts dar:

- $PS1: Der Standardprompt, erster Level, der so genannte *pri-märe Prompt*. Voreingestellt präsentiert die Bash in ihm die Expansion von \s-\v\$ (mit einem abschließenden Leerzei-chen). Er zeigt die Bereitschaft an, eine neue Befehlszeile ent-gegenzunehmen. *Nur vor diesem Prompt* expandiert die Bash $PROMPT_COMMAND.

- $PS2: Der so genannte *sekundäre Prompt*, voreingestellt ist >. Die Bash präsentiert ihn, wenn eine begonnende Befehlszeile fortgesetzt werden soll.

- $PS3: Diesen Prompt (Voreinstellung: #?█) zeigt die Bash, wenn in einer Schleife vom Typ select (S. 115) Eingaben über den Standardeingabekanal erforderlich sind.
- $PS4: Debug Prompt (Voreinstellung: + , mehrfach falls erforderlich); die Bash verwendet ihn, wenn Befehlszeilen durch die Shelloption xtrace angezeigt werden.

Anmerkungen zu $PROMPT_COMMAND: Diese Variable erlaubt trickreiche Aktionen in interaktiven Shells. So gibt $? (als Erstes in der Variable) den Rückgabewert des zuletzt ausgeführten Befehls (der vorigen Befehlszeile) wieder. Verschiedene Aktionen lassen sich in dieser Variablen durch Kontrollstrukturen steuern, also beispielsweise abhängig vom letzten Rückgabewert (if [$? = 0] ; then ... ; else ... ; fi), dem freien Speicherplatz, dem Vorhandensein bestimmter Dateien usw.

source bzw. . (S. 92) führen bei Bedarf spezielle Skripten aus.

Code	Funktion
Sonderzeichen im Prompt	
\a	Das Bell-Zeichen.
\+*Oktalzahl*	Ein durch die (dreistellige) Oktalzahl bezeichnetes ASCII-Zeichen für spezielle Formatierungen (ANSI-Sequenzen, siehe Tabelle 4 auf Seite 36).
\\	Der Backslash.
\[	Beginn einer Sequenz nicht darstellbarer Zeichen, für weitergehende Formatierungen.
\]	Ende einer Sequenz nicht darstellbarer Zeichen, für weitergehende Formatierungen.
\e	Ein Escape-Zeichen für weitergehende Formatierungen.
\n	Ein Zeilenumbruch (NL).
\r	Ein CarriageReturn (Cr).
\$	Spezielles Promptzeichen: #, falls die effektive UID 0 ist, sonst $.
Shellinformationen	
\j	Die aktuelle Jobanzahl der Shell.
\l	Der basename des Shellterminals.
\s	Der Shellprogrammname, basename von $0.
\v	Version der Bash.

Code	Funktion
\V	Bash-Version, einschließlich Release und Patchlevel.
\!	Historynummer der aktuellen Zeile.
\#	Aktuelle Befehlszeilennummer.

Datum und aktuelle Uhrzeit

\d	Das Datum im Format WT MM Da (Wochentag, Monat, Tages-nummer).
\D{*Format*}	Das Datum in einer durch strftime(3) formatierten Weise. Fehlt *Format*, verwendet die Bash lokale Einstellungen, die ge-schweiften Klammern sind aber *obligatorisch*.
\t	Aktuelle Uhrzeit (24-Stunden-Format HH:MM:SS).
\T	Aktuelle Uhrzeit (12-Stunden-Format HH:MM:SS).
\@	Aktuelle Uhrzeit im 12-Stunden-Format (am/pm).
\A	Aktuelle Uhrzeit im 24-Stunden-Format (HH:MM).

User- und Systeminformationen

\h	Der Hostname bis zum ersten Punkt.
\H	Der gesamte Hostname.
\u	Username.
\w	Das aktuelle Verzeichnis, $HOME als Tilde.
\W	basename von $PWD (S. 75), $HOME (S. 70) als Tilde.

Tabelle 2: (Spezielle) Zeichen im Prompt

Neu ist ab der Version 4.0 die Ganzzahlvariable $PROMPT_DIRTRIM. Ihren positiven Inhalt interpretiert die Shell als Zeichenanzahl, die durch \w und \W ausgegeben wird.

Umleitungen (Redirections)

Alle drei Standardkanäle, die voreingestellt mit dem kontrollierenden Terminal verbunden sind, und weitere Ein- bzw. Ausgabekanäle lassen sich mit Hilfe von Umleitungen oder *Redirections* mit anderen Kanälen oder Filedescriptoren verbinden.

Neue Kanäle erzeugen

Der eingebaute Befehl exec (S. 105) erlaubt die Verwendung zusätzlicher Descriptoren. Eine Reihe von Redirection-Operatoren steuert in der Befehlszeile die Umleitungen. Tabelle 3 auf Seite 28 fasst sie zusammen. Ihnen kann eine Kanalnummer vor- bzw. nachgestellt werden, um andere als die Standarddescriptoren zu adressieren. Die Standarddescriptoren sind:

- Descriptor 0: Standardeingabekanal. Voreingestellt in der Tastatur verbunden, ließt Eingaben für Programme.

- Descriptor 1: Standardausgabekanal. Voreingestellt mit dem Terminal verbunden, schreibt Ausgaben von Programmen.

- Descriptor 2: Standardfehlerkanal. Oft mit dem Terminal verbunden, schreibt dort Fehlermeldungen und Warnungen.

Diese Descriptoren stehen immer zur Verfügung, die Bash verwendet sie voreingestellt. Eine Reihe von speziellen Dateinamen interpretiert die Bash als Filedescriptoren, wenn sie in einem Redirection-Kontext auftreten:

- `/dev/fd/`*Nummer*: Erzeugt bzw. nutzt den Filedescriptor mit der angegebenen Nummer. Dupliziert ihn bei Bedarf.
- `/dev/stdin`: dupliziert den Standardeingabekanal.
- `/dev/stdout`: dupliziert den Standardausgabekanal.
- `/dev/stderr`: dupliziert den Standardfehlerkanal.
- `/dev/tcp/`*Host*`/`*Port*: Die Bash versucht (einen korrekten *Host* und *Port* vorausgesetzt), eine TCP-Verbindung zu dem Socket aufzubauen.
- `/dev/udp/`*Host*`/`*Port*: Die Bash versucht eine UDP-Verbindung zu *Host* mit *Port* aufzubauen.

Mehrere Kanäle lassen sich verbinden, wobei die Reihenfolge eine entscheidende Rolle spielt: `...>`*file* `2>&1` verbindet Standardfehler- mit Standardausgabekanal und schreibt das Ergebnis nach *file*, während `... 2>&1 >`*file* nur den Standardausgabekanal in *file* speichert.

Die meisten Redirection-Operatoren lassen sich für verschiedene Kanäle (*n*, *m*) anwenden. Die Angabe einer fehlerhaften Nummer (eines nicht existierenden Filedescriptors) führt zu einer Fehlermeldung vom Typ *Redirection Error*. In Verbindung mit `&` erzeugen die Operatoren neue Descriptoren als Kopie bestehender.

Der Unterschied zwischen `>` und `>>` besteht darin, dass `>` bestehende Files löscht und anschließend (leer) neu anlegt. `>>` hängt neue Inhalte an das Ende bereits bestehender Files an oder erstellt sie neu, falls sie bisher noch nicht existierten. Wichtig ist die Shelloption `noclobber`: Sie verhindert das Überschreiben bestehender Dateien. Da dies oft unhandlich in der Anwendung ist, ermöglicht der Operator `>|` auch bei aktivem `noclobber` (ebenfalls bei ungesetzter Option) bestehende Files zu überschreiben.

Das Öffnen eines Files gleichzeitig zum Lesen und Schreiben ist nur in Ausnahmefällen (bei Gerätedateien etwa) sinnvoll.

Ab Version 4 kennt die Bash zwei neue, nützliche Operatoren:

`&|` ist eine Abkürzung für das oft benötigte Verbinden von Standardausgabe- und -fehlerkanal analog zu `2>&1`.

`&>>` *Datei* verbindet Standardausgabe- und -fehlerkanal und leitet beide in die angegebene Datei.

Code	Funktion
$<n$	Eingabeumleitung, voreingestellt ist Kanal 0
$n>$	Ausgabeumleitung, voreingestellt ist Kanal 1
$n\&>file$	Ausgabeumleitung von Kanal n in $file$
2>	Fehlerausgabeumleitung
2>&1	verbindet Standardausgabe- und -fehlerkanal
|&	Synonym für 2>&1, neu in Bash 4.0
$n>\&m$	verbindet Kanal n mit m
>&$file$	Standardfehler- und -ausgabeumleitung in $file$
&>$file$	Standardfehler- und -ausgabeumleitung in $file$
$n<file$	$file$ als Eingabekanal n
$n>file$	$file$ als Ausgabekanal n, noclobber verhindert dies
$n>\|file$	wie $n>file$, übersteuert noclobber
$n>m$	kopiert n als Ausgabekanal m
$n<m$	kopiert n als Eingabekanal m
$n>>file$	n als Ausgabekanal an $file$ anhängen
&>>$file$	Standardfehler- und -ausgabe an $file$ anhängen, neu in Bash 4.0
<&-	schließt den Standardeingabekanal
>&-	schließt den Standardausgabekanal
$n<\&-$	schließt Eingabekanal n
$n>\&-$	schließt Ausgabekanal n
$n<>file$	n als Ein- und Ausgabekanal mit $file$ verbinden
<<[-]End	Here Document, durch End-String begrenzt
<<<End	Here String, durch End-String begrenzt
...|...	Pipe: verbindet linke Standardausgabe mit rechter Standardeingabe

Tabelle 3: Redirection-Operatoren; n, m sind wählbare Kanalnummern

Ab Version 4.1 expandiert die Bash links von Redirection-Operatoren Variablen und öffnet oder schließt (abhängig vom Operator) die vom Variableninhalt repräsentierten Filedescriptoren.

Here Documents/Strings

Diese Umleitungen veranlassen die Shelleingaben so lange von der aktuellen Quelle zu lesen, bis eine *End*-Kennung erreicht ist. Dieser Kennung dürfen keine (unsichtbaren, nicht druckbaren oder sonstigen) Zeichen folgen, damit die Bash sie korrekt erkennt.

Innerhalb eines *Here Documents/Strings* führt die Bash keine Expandierungen oder Ersetzungen durch, sofern die *End*-Kennung eine Maskierung (Quotes, z.B. 'ende') aufweist. Die Begrenzung erkennt die Bash nach Entfernen der Maskierung(en), also als ende.

Wenn die *End*-Kennung keine Maskierung enthält, führt die Bash Parameter-, Befehls- und Prozessersetzungen und arithmetische Expandierungen innerhalb des Here Documents/Strings durch, ignoriert aber \NL. Nur der Backslash ermöglicht in diesem Fall Maskierungen.

Mit dem Redirection-Operator <<- entfernt die Bash automatisch in allen Zeilen des Here Documents/Strings führende Tabulatoren (die nur der besseren Übersicht wegen im Quelltext stehen).

Here Strings sind eine Kurzform von *Here Documents*. Die Bash expandiert den Ausdruck, bevor sie ihn an die Eingabe sendet.

Ab Version 4.1 der Bash begrenzt die rechte schließende Klammer in $(...)-Befehlsersetzungen anstelle eines Zeilenumbruchs das Here Document.

Redirections in Schleifen

In Schleifen vom Typ while (S. 130), for (S. 106) und until (S. 130) erfolgen Redirections erst am Ende des Konstrukts; gleiches gilt natürlich auch für Ausgaben und Pipelines.

```
while ... do              oder:        for ...
...                                        ...
done < Umleitung                      done > Umleitung

oder:      until ...
           ...
           done |...
```

Befehle ausführen

Die Bash unterscheidet beim Ausführen von Befehlszeilen (»command execution«), ob es sich um einfache Befehle oder Befehlsblöcke (oder Befehlsgruppen) handelt.

Ausführen einfacher Befehle

Das Ausführen einfacher Befehle (»simple commands«) erfolgt in folgenden Schritten:

1. Variablenzuweisungen und Redirections markiert die Bash zur späteren Bearbeitung.

2. Andere Expandierungen erfolgen in der im Abschnitt *Expandierungen* (S. 37) angegebenen Reihenfolge.

3. Nun löst die Bash Redirections im Environment des auszuführenden Befehls auf. Fehler bemerkt die Bash und beendet die Bearbeitung mit einem von Null verschiedenen Rückgabewert.

4. Variablenzuweisungen bearbeitet die Bash, indem zunächst die rechte Seite des Gleichheitszeichens expandiert und gegebenenfalls Ersetzungen durchgeführt werden. Überflüssige Quotes entfernt die Bash abschließend.

Variablenzuweisungen erfolgen im *aktuellen Environment* wie hier gezeigt:

var=irgendetwas ein Befehl ... (*ohne* »;« vor dem Befehl, das ist auch für Funktionen möglich)

In diesem Fall führt die Bash die Variablenzuweisung im Environment des auszuführenden Befehls aus.

Der Versuch, Zuweisungen für durch `readonly` (S. 115) als schreibgeschützt markierte Variablen durchzuführen, erzeugt eine Fehlermeldung und beendet die Ausführung mit einem von Null verschiedenen Rückgabewert.

Anschließend führt die Bash die Befehlszeile aus, falls keine Befehls- oder Prozessersetzungen durchzuführen sind.

Befehle suchen

Nach der oben beschriebenen Aufbereitung einer Befehlszeile versucht die Bash diese auszuführen. Dabei sucht sie Befehle anhand des folgenden Schemas (und führt sie bei Erfolg aus):

- Befehle, die mit einem Pfad angegeben wurden, also mindestens einen Slash enthalten, sucht die Shell entsprechend. Die spezielle (Umgebungs-) Variable $_ enthält dann den Pfad.

- Bei Befehlen ohne Slash prüft die Bash zunächst, ob eine entsprechende Funktion – siehe Abschnitt *Funktionen* (S. 64) – oder ein Alias – Abschnitt *Alias-Konstrukte* (S. 64) – existiert.

- Ist beides nicht der Fall, prüft die Bash, ob es einen entsprechenden eingebauten Befehl gibt.

- Im nächsten Schritt sucht die Bash den Befehl anhand der Umgebungsvariablen $PATH, indem sie alle Komponenten in der angegeben Reihenfolge durchsucht. Da sie gefundene Befehle in einer Hash-Tabelle speichert, entfällt diese Suche bei späteren Aufrufen, sofern die Tabelle nicht zwischenzeitlich durch `hash -r` (oder `-d`) gelöscht wurde. Die Bash nutzt den *ersten Treffer* bei dieser Suche, berücksichtigt also weitere gleichnamige Befehle in $PATH *nicht*.

- Findet die Bash den Befehl nicht, beendet sie die Suche mit einem Rückgabewert von 127.

Die Ausführung des gefundenen Befehls erfolgt in einem neuen Environment (siehe unten). Argument (Positionsparameter) Null erhält den Befehlsnamen, die folgenden Bestandteile der Befehlszeile ordnet die Bash entsprechend ihrer Position zu. Das Ausführen erfolgt synchron (die Bash wartet auf das Ende, bevor sie eine neue Befehlszeile bearbeitet), sofern die aktuelle Zeile nicht durch & asynchron ausgeführt wird. Falls der Befehl nicht in einem ausführbaren Format vorliegt (und auch kein Verzeichnisname ist), unterstellt die Bash, das es sich um ein Shellskript handelt.

Anmerkung zur Befehlssuche: Falls die Bash einen Befehl, Alias oder eine Funktion nicht findet, führt sie voreingestellt die Funktion command_not_found_handle aus. Unter GNU/Linux nutzen dies viele Distributionen, um fehlende Pakete automatisch nachzuinstallieren. Hier ein Beispiel, wie es unter Ubuntu funktioniert:

```
command_not_found_handle () {
    if [ -x /usr/lib/command-not-found ]; then
        /usr/bin/python /usr/lib/command-not-found -- $1;
        return $?;
    else
        return 127;
    fi
}
```

Das »Environment«

Die Ausführung von Befehl(szeil)en erfolgt in dem so genannten Environment. Bei der Bash ist dies eine Liste von *Name=Wert*-Paaren, die wesentliche (Vor-) Einstellungen definieren. Bei der Ausführung einer Befehlszeile erzeugt die Bash anhand der unten aufgeführten Regeln ein neues Environment, das wesentliche Komponenten aus dem Environment der Shell enthält (diese »vererbt« die Einstellungen...). export (S. 105), declare (S. 101) und weitere eingebaute Befehle erlauben dies in Teilen zu steuern.

Externe Befehle wie env oder printenv zeigen Bestandteile des Environments an, ebenso wie set (S. 116), export, ulimit (S. 127) usw. optionsabhängig einzelne Teile darstellen.

Das Environment, das die Bash zum Ausführen von Befehlen vererbt, enthält folgende Bestandteile:

- Geöffnete Files, mindestens die Standardkanäle. Möglicherweise mehr, wenn diese durch `exec` (S. 105) bereitgestellt wurden.

  Bei mit Hilfe von `&` asynchron ausgeführten Befehlen verbindet die Bash den Standardeingabekanal mit `/dev/null`.

- Das aktuelle Verzeichnis, wie es durch `cd` (S. 96), `popd` (S. 112) oder `pushd` (S. 113) gesetzt wurde.

- Die durch `umask` (S. 129) definierte Permission-Maske.

- Mit `trap` (S. 126) gesetzte Traps.

- (Positions-) Parameter und Variablen, siehe oben. Auch mit `set` (S. 116) gesetzte Variablen erbt das Environment.

- Unmittelbar in der Befehlszeile definierte oder vom Eltern-Environment vererbte Funktionen (und Variablen).

- Shelloptionen, durch `set`, `shopt` (S. 119) oder Befehlszeilenoptionen eingestellt.

- mit `alias` (S. 93) definierte Alias-Konstrukte.

- verschiedene ProzessIDs, u. a. `$$`, `$PPID` usw.

Diese Einstellungen erben neue Prozesse als Environment von der aufrufenden Bash. Die Prozesse können ihr eigenes Environment natürlich direkt verändern, nicht aber das der aufrufenden Shell.

Bei Pipes, Befehlsgruppen/-Blöcken und Prozessersetzungen vererbt die Bash das Environment ebenfalls, nur werden Traps dabei so gesetzt, wie sie beim Start der Bash eingestellt waren. Ab Version 4.1 übernimmt die Bash auch Variablen mit Namen, die keine gültigen Shellvariablen darstellen, in das Environment der Kindprozesse.

Rückgabewerte, »exit status«, »Returncodes«

Alle drei Begriffe bezeichnen den von der Shell oder einem Befehl bei der Beendigung übergebenen numerischen Wert, der Auskunft über den Verlauf bzw. Fehler gibt. Ein Rückgabewert von Null zeigt immer einen fehlerfreien Programmablauf an. Die meisten Rückgabewerte sind nicht normiert, jeder Entwickler kann diese nach eigenem Ermessen einsetzen. Allerdings erzeugt die Bash bei Programmbeendigungen durch Signale Rückgabewerte in der Form *Signalnummer*+128. Den Rückgabewert 127 erzeugt die Bash, wenn ein Befehl nicht gefunden wurde, 126, falls der Befehl nicht ausführbar war.

Viele GNU-Befehle versuchen, gleiche Probleme mit einheitlichen Rückgabewerten anzuzeigen.

Die Shellvariable $? enthält den zuletzt generierten Rückgabewert. Kontrollstrukturen – siehe Abschnitt *Schleifen und Kontrollstrukturen* (S. 90) – werten Rückgabewerte aus. Gut eignen sich auch die so genannten *short circuit*-Test (*Kurzschlusstests*), siehe Abschnitt *Listen: Befehle verbinden* (S. 17).

Eingebaute Bash-Befehle zeigen Fehler ebenfalls durch Rückgabewerte ungleich Null an. Der Rückgabewert 2 kennzeichnet Syntaxfehler.

Quoting

Shell-Metazeichen (und andere, etwa Leerzeichen in Argumenten) müssen in vielen Situationen vor einer vorzeitigen Auswertung geschützt (maskiert) werden. Dies erfolgt mit so genannten *Quotes*:

- \, der Backslash: Er schützt das ihm unmittelbar folgende Zeichen, aber keine schließenden einfachen Hochkommata.

- ", doppelte Hochkommata: Sie schützen zwischen ihnen stehende Teile der Befehlszeile, erlauben aber die Auswertung von $*Variable* und Historyexpandierungen. Zwischen ihnen können einfache Hochkommata verwendet werden; Konstruktionen wie $@ und $* haben in doppelten Quotes eine besondere Wirkung. Einen Backslash entfernt die Bash automatisch, sofern er nicht vor einem Ausrufezeichen steht.

- ', einfache Hochkommata (strenge Quotes): sie verhindern die Auswertung *aller* eingeschlossenen Metazeichen. Nicht einmal ein Backslash hebt die Wirkung einfacher Quotes auf. Achtung: diese unterscheiden sich von den »Backticks«: `.

Eine spezielle Variante stellt das *ANSI-C Quoting* dar; Ausdrücke der Form $'*String*' behandelt die Bash besonders. *String* expandiert die Bash, wobei sie enthaltene Steuerzeichen wie in ANSI-C interpretiert, siehe Tabelle 4 auf der nächsten Seite.

Anmerkung: Die LOCALES-Einstellungen beeinflussen, *was* die Bash *wie* interpretiert: Bei C oder POSIX ignoriert die Bash Dollarzeichen; ersetzte Strings erscheinen zwischen doppelten Hochkommata.

Code	Bedeutung
\a	Alert (entspricht Bell)
\b	Backspace
\e	Escape-Zeichen (gehört nicht zu ANSI-C)
\f	Form Feed (Ff, wie [Ctrl][l])
\n	Newline (wie NL)
\r	CarriageReturn (wie Cr)
\t	horizontaler Tabulator
\v	vertikaler Tabulator
\\	Backslash
\'	Single Quote
\Num	dreistelle Oktalzahl, repräsentiert das Zeichen mit der Nummer
\x$Nr$	zweistellige Hexadezimalzahl, repräsentiert das entsprechende Zeichen
\c$x$	Control+x-Zeichen

Tabelle 4: ANSI-C-Steuerzeichen

Expandierungen

Die Bash »expandiert« eine Reihe von Strukturen in einer Befehlszeile bei ihren Bearbeitung. Das sind (in dieser Reihenfolge) folgende Strukturen:

1. Klammern, siehe Abschnitt *Klammerexpandierungen* (S. 38)

2. Tilden, siehe Abschnitt *Tildenersetzungen* (S. 39)

3. Parameter und Variablen, siehe Seite 48 und auch Abschnitt *Parameterersetzungen* (S. 40)

4. zu substituierende Befehle, siehe Abschnitt *Befehlsersetzungen* (S. 48) oder Prozesse, siehe Seite 49

5. Arithmetische Ausdrücke, siehe Abschnitt *Arithmetische Ausdrücke* (S. 50)

Weiterhin sind Wortersetzungen – siehe Abschnitt *Wortersetzungen* (S. 51) – und (besonders häufig) Dateinamenexpandierungen – siehe Abschnitt *Dateinamenexpandierungen* (S. 52) – möglich.

Klammerexpandierungen, Wort- und Prozessersetzungen sowie Dateinamenexpandierungen verändern die Anzahl der Wörter in einer Befehlszeile.

Klammerexpandierungen

(»brace expansions«) Das Auftreten geschweifter Klammern in einer Befehlszeile interpretiert die Bash abhängig vom Kontext entweder als Befehlsgruppe, Begrenzung von Parametern bzw. Variablennamen oder als Klammerersetzungstext. Letzterer lässt sich analog zu Dateinamen in der Befehlszeile einsetzen. Ein Klammerersetzungstext beginnt mit einer öffnenden geschweiften Klammer, enthält ein oder mehrere durch Kommata verbundene Elemente und endet mit einer schließenden geschweiften Klammer, etwa so:

```
...{1,e,5,z,k}...
```

Bei der Auswertung der Befehlszeile ersetzt die Bash nun in Analogie zur Dateinamenexpandierung den Text durch mehrere Varianten:

```
...{1,e,5,z,k}...    entspricht:
...1...
...e...
...5...
...z...
...k...
```

Bestandteile der Befehlszeile vor und nach den geschweiften Klammern übernimmt die Bash, die geschweiften Klammern und Kommata entfernt sie. Mehrere Expandierungen lassen sich verbinden und sogar mischen:

```
$> echo {a,b,c}{d,e,f}            ergibt:
ad ae af bd be bf cd ce cf
```

```
$> echo {a,b{1,2,3},c}{d,e{4,5,6},f}   ergibt:
ad ae4 ae5 ae6 af b1d b1e4 b1e5 b1e6 b1f b2d b2e4 b2e5
b2e6 b2f b3d b3e4 b3e5 b3e6 b3f cd ce4 ce5 ce6 cf
```

Das Beispiel illustriert die schnell zunehmende Komplexität von Klammerexpandierungen. Es ist daher oft sinnvoll, diese zunächst mit echo zu testen.

Zusätzlich unterstützt die Bash auch (Zeichen-) Bereiche, die durch eine Anfangs- und eine Endmarke und zwei Punkte gekennzeichnet sind:

```
$> echo {A..z}
```

```
A B C D E F G H I J K L M N O P Q R S T U V W X Y Z [ ] ^ _
` a b c d e f g h i j k l m n o p q r s t u v w x y z
```

Anfangs- und Endmarke müssen vom gleichen Typ (Integer oder Buchstabe) sein, echo {0..A} und andere inkorrekte Expandierungstexte bearbeitet die Bash nicht; Bereichsenden sind implizit. Kommata und öffnende geschweifte Klammern lassen sich durch Backslash maskiert in Expandierungstexte aufnehmen. Zur Vermeidung von Problemen mit Variablen und Positionsparametern expandiert die Bash die Zeichenkette ${ *nicht*.

Da die Bash Klammerexpandierungen *vor allen anderen* Expandierungen ausführt, ändert dies die Anzahl von Elementen in der Befehlszeile, was berücksichtigt werden muss. Ein typisches Beispiel für die Anwendung sind Klammerexpandierungen in Verzeichnisnamen:

```
ls -l {,/local}/usr{,/share}  entspricht
ls -l /usr /usr/share /local/usr /local/usr/share
```

Tildenersetzungen

Traditionell ist die Tilde (~) mit dem Homeverzeichnis des Anwenders assoziiert. Die Bash unterstützt darüber hinaus weitergehende Expandierungen von mit einer Tilde beginnenden Wörtern. Die Tilde und alle folgenden Zeichen bis zum ersten nicht maskierten Slash (alle folgenden Zeichen, falls kein Slash auftritt) heißen im Bash-Jargon *Tilde-Prefix*. Folgende Wörter expandiert die Bash:

~

> Der Inhalt von $HOME; falls diese Variable ungesetzt ist, versucht die Bash das Homeverzeichnis für die aktuelle UID zu ermitteln. Eine typische Anwendung: pico ~/.bashrc, entspricht pico $HOME/.bashrc

~Username

> Die Bash versucht einen Login-Namen aus dem Tilde-Prefix zu konstruieren, etwa so: `ls ~work/`, entspricht (normalerweise) `ls /home/work/`

~+Nummer

> expandiert zum Inhalt der Shellvariablen `$PWD`. Zusammen mit einer optionalen *Nummer* expandiert die Bash den entsprechenden Eintrag aus dem `$DIRSTACK`, wie durch `dirs` (S. 102) angezeigt, beginnend mit dem letzten Eintrag. *~Nummer* (ohne +) behandelt die Bash analog, z.B. `ls ~2`, analog zu `ls ´dirs +2´`

~-Nummer

> expandiert zum Inhalt der Shellvariablen `$OLDPWD`, so: `cd ~-3`, entspricht `cd ´dirs -3´`. Zusammen mit einer optionalen *Nummer* expandiert die Bash den entsprechenden Eintrag aus dem `$DIRSTACK`, letzter Eintrag zuletzt.

Findet die Bash keine entsprechenden Ersetzungen, bleiben die Wörter unverändert. Bei Variablenzuweisungen prüft die Bash zunächst, ob ein Tilde-Prefix, gefolgt von einem Doppelpunkt oder Gleichheitszeichen, auftritt. Dieses wird entsprechend ersetzt.

Parameterersetzungen

(Positions-) Parameter oder Variablen ersetzt die Bash in der Befehlszeile, wobei weitgehende Modifikationen an ihren Inhalten möglich sind. Den Inhalt von Parametern oder Variablen interpretiert die Bash als Zeichenkette. Die grundlegende Syntax für Parameter beginnt mit dem Dollarzeichen, optional gefolgt von einer öffnenden geschweiften Klammer, und endet (ebenfalls optional) mit einer schließenden geschweiften Klammer, bzw. dem ersten *white space* (Leerzeichen, Tabulator, NL). Geschweifte Klammern sind notwendig, um mehrstellige Positionsparameter (etwa `${21}`) zu adressieren oder Variablennamen vom folgenden (nicht zum Variablennamen gehörenden) Text abzugrenzen (`${Variable}Text`). Die grundlegende Syntax ist:

`${Parameter}`, `${Variable}` oder `$Variable`

Wenn das erste Zeichen des Parameters oder Variablennamens (unmittelbar nach der öffnenden geschweiften Klammer) ein Ausrufezeichen ist (${!*Parameter oder Variable*}) interpretiert die Bash dies als *indirekte Adressierung* (*indirect expansion*). In diesem Fall ersetzt die Shell zunächst *Parameter oder Variable* durch den Inhalt des entsprechenden Parameters bzw. der Variablen, bevor die eigentliche Expandierung erfolgt. *Parameter oder Variable* enthält in diesem Fall den *Namen* einer Variablen, die expandiert wird. Zwei Ausnahmen berücksichtigt die Bash: ${!*Präfix**} und ${!*Name*[@]} behandelt die Bash gesondert, siehe Seite 43.

Dem Parameter oder Variablennamen kann ein Ausdruck folgen, der die Behandlung der (zu expandierenden) Inhalte steuert. Ein Doppelpunkt bewirkt, dass die Bash zunächst überprüft, ob die entsprechende Variable existiert (also gesetzt wurde: *Variable*=...) und ob ihr Inhalt von Null verschieden ist. Ohne den Doppelpunkt überprüft die Bash nur die Existenz einer Variablen.

Anmerkung: Das erste der folgenden Metazeichen nach der öffnenden geschweiften Klammer definiert die durchgeführte Expandierung. In manchen Situationen ist es sinnvoll oder sogar zwingend erforderlich, Metazeichen zwischen den geschweiften Klammer zu maskieren, entweder durch eine Backslash oder (einfache bzw. doppelte) Hochkommata.

Ersetzung durch Voreinstellung

${*Variable*:-*Default*}

Diese einfache Ersetzung expandiert zu *Default*, falls *Parameter oder Variable* ungesetzt oder mit dem Doppelpunkt, auch wenn ihr Inhalt leer ist. Ist der Inhalt vorhanden, expandiert ihn die Bash.

Ein typisches Beispiel: MINSWAP=${1:-10M} definiert die minimale Größe auf 10M, falls kein abweichender Wert angegeben wurde.

Ersetzung mit Zuordnung

${*Variable*:=*Default*}

In diesem Fall definiert (setzt) die Bash eine *Variable* mit *Default*, falls diese zuvor nicht definiert – oder bei Angabe der Doppelpunkts auch leer – war. Positionsparameter und andere Shellvariablen lassen sich so nicht setzen. Existiert die Variable, expandiert sie mit ihrem aktuellen Inhalt.

Ein Beispiel: Der Code : `${TMPDIR:=/tmp}` definiert die Variable $TMPDIR, falls das bisher nicht geschah. : (S. 92) wird eingesetzt, um diese Definition durchzuführen (echo anstelle von : zeigt die Zuordnung an, was oft in der Entwicklung nützt). eine Erweiterung von Variableninhalten ist so möglich: *Variable*=${*Variable*:=*Erweiterung*} hängt die Erweiterung an den vorherigen Inhalt an. Diese Ersetzung ist eine der häufigsten in Skripten und Funktionen.

Warnung

${*Variable*:?*Message*}

Dieser Ausdruck beschreibt keine Expandierung im eigentlichen Sinn. Die *Message* wird in den Standardfehlerkanal ausgegeben, falls *Parameter oder Variable* ungesetzt (bei Angabe des Doppelpunkts auch leer) ist. Nicht interaktive Shells terminieren anschließend. Dies ist eine sehr einfache Möglichkeit, Eingabefehler abzufangen, etwa so: `File=${1:?missing filename.}` Die Variable $File wird mit dem ersten Argument gesetzt. Fehlt diese, bleibt $File leer; stattdessen erscheint die Warnung `missing filename`.

Bedingte Ersetzungen

${*Variable*:+*Wert*}

Die Bash ersetzt bei dieser Form nur dann *Parameter oder Variable* durch *Wert*, wenn diese schon existieren (bei Angabe des Doppelpunkts: nicht leer sind). Anderenfalls erfolgt *keine Ersetzung*. Diese Konstruktion findet sich meistens in verschachtelten Zuweisungen, z. B. als `RESULT="$RESULT${RESULT:+ }$LSB_VERSION"` oder als logische Abfrage, ob eine Variable existiert: ${*Variable*:+1}

Teilersetzungen

${*Variable*:*Offset*:*Länge*}

Mit dieser Form ist es möglich, nur Teile der Ersetzungstexts (so genannte *Substring Expansions*) zu verwenden. Die Bash fügt vom Inhalt der Variablen ab der Position *Offset* genau *Länge* Zeichen ein.

Fehlt die zweite Angabe, wird der Restinhalt expandiert. Beide Angaben *Länge* und *Offset* lassen sich als arithmetische Ausdrücke (siehe Seite 50) angeben, also zur Laufzeit berechnen. *Länge* muss dabei eine positive Ganzzahl sein. Den *Offset* berücksichtigt die Bash von links (Anfang des Inhalts), wenn der Wert positiv ist, von rechts (also dem Ende), falls negativ.

Falls *Parameter oder Variable* @ ist (umfasst damit alle Positionsparameter, siehe S. 78), beginnt die Ausgabe von *Länge*-Zeichen ab dem angegebenen *Offset*.

Falls *Parameter oder Variable* ein Array mit Index * oder @ ist, interpretiert die Bash den *Offset* als Indexnummer (beginnend mit 0, also $Array[*Offset*]), und gibt seine *Länge*-Elemente aus:

```
$> echo ${BASH_VERSINFO[*]}
4 0 0 1 release i686-pc-linux-gnu

$> echo ${BASH_VERSINFO[@]:2:3}
0 1 release
```

Negative *Offset*-Werte bezeichnen in diesem Fall das Element, das sich aus 1 + *maximaler_Index – Offset* berechnet. *Mindestens ein Leerzeichen* muss hier dem Doppelpunkt folgen, damit die Bash den Ausdruck nicht als :- interpretiert:

```
$> echo ${BASH_VERSINFO[@]: -5:3}
0 0 1
```

Anmerkung: Bei Positionsparametern beginnt der Array-Index mit 1, bei »normalen« Variablen mit 0.

Präfix-Ersetzungen

${ ! *Präfix* * } oder ${ ! *Präfix* @ }

Präfix-Ersetzungen sind spezielle Ersetzungen, die Variablennamen ausgeben, aber nicht ihre Inhalte. Die Bash sucht alle mit dem angegebenen *Präfix* beginnenden Variablennamen heraus und zeigt sie, jeweils mit dem ersten Element der Variablen $IFS getrennt, an:

```
$> echo ${!BASH@}
BASH BASHPID BASH_ALIASES BASH_ARGC BASH_ARGV BASH_CMDS
BASH_COMMAND BASH_COMPLETION BASH_COMPLETION_DIR BASH_LIN
ENO BASH_SOURCE BASH_SUBSHELL BASH_VERSINFO BASH_VERSION
```

Ob @ oder * als Joker eingesetzt wird, spielt keine Rolle. Bei dieser Ersetzung handelt es sich um eine indirekte Adressierung.

Namensersetzungen

${!Name[*]} oder ${!Name[@]}

Namensersetzungen sind eine Variante der Präfix-Ersetzungen. Falls Name ein Array ist, listet ${!Name[*]} die Indizes der vorhandenen Elemente auf.

```
$> echo ${!BASH_VERSINFO[*]}
0 1 2 3 4 5
```

Bei Angabe von @ expandiert der Ausdruck zwischen doppelten Hochkommata zu einer Reihe von einzelnen, durch das erste $IFS-Zeichen getrennten Elementen. Bei * generiert die Bash einen zusammenhängenden String.

Wenn Name kein Array bezeichnet, ist die Ausgabe 0, falls die Variable existiert, andernfalls leer. Bei dieser Ersetzung handelt es sich um eine indirekte Adressierung.

Längenersetzungen

${#Variable}

Diese spezielle Ersetzung berechnet die Länge (Anzahl der Zeichen im Inhalt) des angegebenen Parameters bzw. der Variablen und gibt sie anstelle des Inhalts aus. Dies ist oft bei der Berechnung von Indizes oder Offsets nützlich. Oft ist dies für Arrays (mit [@] bzw. [*] für die Indexgröße) erforderlich, etwa: len=${#HIST[*]}, oder in Kontrollstrukturen:

```
while (( i < ${#file[*]} ))...
```

oder

```
if (${#argv} <= 1) then...
```

Anfangslöschungen

${*Parameter*#*Muster*} und ${*Parameter*##*Muster*}

Diese Ersetzungsexpandierungen wirken auf den Inhalt von *Parameter oder Variable*, nachdem das angegebene *Muster* von links (also vom Anfang) *entfernt* wurde.

Das einfache Hachmark (#) entfernt das Muster bis zum ersten Auftreten, das doppelte (##) bis einschließlich des letzten. Bei mit [*] oder [@] indizierten Arrays erfolgt die Bearbeitung *für alle Elemente*. Ganz typisch ist die Konstruktion, wenn es gilt, Pfade und Dateinamen aufzutrennen bzw. Extensionen abzutrennen. Anwendungen sehen beispielsweise so aus:

```
name=${1#??}
basename=${basename##*/}
echo "${file##*/} doesn't seem to exist"
unit=${1##*[!s|m|h|d]}
```

Im ersten Beispiel werden die ersten beiden Zeichen (von links) entfernt, analog enthält basename in der zweiten Zeile den Dateinamen aus einem Pfad. Das dritte Beispiel bewertet die Existenz eines Verzeichnisses. Das letzte ermittelt die in einem Argument übergebene Einheit, den Betrag liefert ${1%[s|m|h|d]*}, siehe unten.

#-Ersetzungen entfernen Muster von links, %-Ersetzungen von rechts.

Als *Parameter oder Variable* lassen sich neben Umgebungsvariablen auch Positionsparameter verwenden. *Muster* expandiert die Bash analog zu Dateinamen. Als Metazeichen steht ? für genau ein (beliebiges) Zeichen, * für beliebig viele (beliebige) Zeichen, [*Muster1*|*Muster2*] definiert Gruppen (Elemente sind dabei durch Kommata getrennt) oder Bereiche (*Anfang-End*), | verbindet Alternativen, ! (unmittelbar nach [) invertiert die Auswahl.

Beispiele für Anfangs- und Endlöschungen

$tst enthält folgenden Pfad:

/home/work/data/LINUX/bash/Bash32_k+g/missfont.log.gz

```
$> echo ${tst%.*}
```

```
/home/work/data/LINUX/bash/missfont.log
$> echo ${tst%%.*}
/home/work/data/LINUX/bash/missfont
$> echo ${tst#/*}
home/work/data/LINUX/bash/missfont.log.gz
$> echo ${tst#/*/}
work/data/LINUX/bash/missfont.log.gz
$> echo ${tst##/*}
missfont.log.gz
```

Mit den Endlöschungen lassen sich auch diese Manipulationen vornehmen (Entfernen einer Extension, Ersetzen durch eine andere):

```
$> convert ${file}  ${file%.gif}.jpg
```

Endlöschungen

${*Parameter%Muster*} und ${*Parameter%%Muster*}

Diese Ersetzungsexpandierungen wirken auf den Inhalt von *Parameter oder Variable*, nachdem das angegebene *Muster* von rechts (also vom Ende) *entfernt* wurde.

Das einfache Prozentzeichen (%) entfernt das Muster einmalig, das doppelte (%%) entfernt alles einschließlich des ersten. Bei mit [*] oder [@] indizierten Arrays erfolgt die Bearbeitung *für alle Elemente*. Ganz typisch ist die Konstruktion, wenn es gilt, Pfade, Dateinamen und Zeichenketten aufzutrennen, Extensions zu entfernen. Anwendungen sehen beispielsweise so aus:

```
${range%%-*}
dirname=${dirname%%.*}
machine[i]=${file%%:*}
SECT=${x%% sectors*} ; SECT=${SECT##* }
line="${line%%?}"
```

Im ersten Beispiel entfernt die Bash alles nach dem ersten Minuszeichen, im zweiten wird im Array machine alles nach dem ersten Doppelpunkt gelöscht. Das letzte Beispiel entfernt mit %%? nur das letzte Zeichen einer Zeile. Typisch ist auch die Kombination von %% mit ##, wie sie das SECT-Beispiel zeigt.

Anmerkungen:

#-Ersetzungen entfernen Muster von links, %-Ersetzungen von rechts.

Als *Parameter oder Variable* lassen sich neben Umgebungsvariablen auch Positionsparameter verwenden. *Muster* expandiert die Bash analog zu Dateinamen. Als Metazeichen steht ? für genau ein (beliebiges) Zeichen, * für beliebig viele (beliebige) Zeichen, [*Muster1|Muster2*] definiert Gruppen (deren Elemente Kommata trennen) oder Bereiche (*Anfang-End*), | verbindet Alternativen, ! (unmittelbar nach [) invertiert die Auswahl.

Zwei neue Operatoren stellt die Bash ab Version 4.0 zur Verfügung:

Groß-/Kleinschreibungen

${*Parameter^^Muster*} und ${*Parameter,,Muster*}

Die »Hütchen«-Akzente konvertieren (ein: ^ oder alle: ^^) Kleinbuchstaben des *Musters* in Großbuchstaben (»case-modifying word expansions«). Umgekehrt gibt »,« einen oder »,,« alle Großbuchstaben des *Musters* als Kleinbuchstaben aus.

Wenn das *Muster* fehlt, wirkten die Operatoren auf alle Zeichen.

Für die *Parameter* @ oder * wirken die Operatoren für alle Positionsparameter. In Arrayindizes (Seite 68) interpretiert die Bash @ oder * als »für alle Elemente«.

Expandierungen mit Ersetzungen

${*Variable/Muster/Ersetzung*}

Dies ist die komplexeste Expandierung. Die Bash expandiert den Inhalt von *Parameter oder Variable* analog zu Dateinamen, ersetzt dabei das *Muster* durch *Ersetzung*. Beginnt das *Muster* mit einem Slash (also *Parameter oder Variable//Muster/*...), erfolgt die Ersetzung für alle Treffer, sonst nur für den ersten (von links). Beginnt *Muster* mit einem Hashmark (also *Parameter oder Variable/#Muster/*...), berücksichtigt die Bash nur Treffer am Anfang, bei % am Ende des Inhalts von *Parameter oder Variable*. Leere *Ersetzung*en (also *Parameter od. Variable//Muster/*) entfernen das *Muster*. Falls *Parameter oder Variable* @ oder * enthält, erfolgt die Ersetzung für alle Positionsparameter, in Arrays für alle Elemente.

```
mkdir -p /${i/\/dev\//}
param=${PARAMETERS//|/ }
Text=${Text// /_}
line="${line/^M/}"
```

Der Slash als Trennzeichen in Pfaden muss maskiert werden, wie das
erste Beispiel zeigt. Die zweite Zeile ersetzt alle Pipes durch Leerzeichen. Im dritten Beispiel ersetzt die Bash jedes Leerzeichen durch
einen Unterstrich. Ähnliches ist natürlich für beliebige Zeichen möglich. Im letzten Beispiel entfernt die Bash unnötige LineFeeds vom
Zeilenende.

Variablenersetzungen

Das Voranstellen eines Dollarzeichens veranlasst die Bash, das folgende aus Buchstaben, Ziffern und Unterstrichen bestehende Wort
als Variable zu expandieren. Dies geschieht im gleichen Bearbei-
tungsschritt wie die Parameterersetzung. Alles zu den in Abschnitt
Parameterersetzungen (S. 40) beschriebene gilt auch für reguläre
(Umgebungs-) Variablen. Den Inhalt interpretiert die Bash voreingestellt als Zeichenkette.

Bei Arrays bestimmt der Index, ob die Bash einzelne Elemente (die
mit konkreten Indizes assoziiert sind) oder alle Elemente (durch die
Indizes [@] bzw. [*]) expandiert.

Befehlsersetzungen

Die Bash kann in einer Befehlszeile die Ausgaben anderer Befehlszeilen substituieren. Die Shell unterstützt dabei zwei Schreibweisen:
'klassisch' und $(*Bash-Style*).

Die klassischen Befehlsersetzungen nutzen Backticks (auch Backquote genannt), nicht zu verwechseln mit den (Single-) Quotes (').
In der klassischen Variante interpretiert die Bash den Backslash literal (als normales Zeichen), sofern ihm kein Dollar, Quote oder weiterer Backslash folgt. Der erste nicht maskierte Backquote initiiert
eine Befehlsersetzung, der zweite beendet sie.

Die Verwendung des klassischen Stils wird heute aufgrund der schlechten Lesbarkeit nicht mehr empfohlen; stattdessen sollte der neue *Bash-Style* verwendet werden. Bei dieser Form behalten *alle* in den Klammer verwendeten Zeichen ihre normale Bedeutung.

Nach den Parameter- und Variablenersetzungen sucht die Bash in der Befehlszeile nach Backticks bzw. den im *Bash-Style* ausgezeichneten Teilen und führt sie aus. Die Ausgaben (des Standardausgabekanals) substituiert die Bash in der Befehlszeile, bevor eine weitere Bearbeitung erfolgt. Zeilenumbrüche *am Ende* der Ausgaben entfernt die Bash, in den Ausgaben eingebettete bleiben erhalten.

Zum Einlesen von Dateien erlaubt die Bash $(< *Datei*) anstelle der (langsameren) Variante $(cat *Datei*).

Befehlsersetzungen lassen sich (mehrfach) verschachteln. Bei der klassischen Variante müssen die inneren Backticks mit dem Backslash maskiert werden. Befehlsersetzungen zwischen doppelten Hochkommata wertet die Bash ohne Wortersetzungen und Dateinamenexpandierungen aus.

Prozessersetzungen

Prozessersetzungen stellen eine Erweiterung von Befehlsersetzungen dar. Sie sind auf Systemen möglich, die benannte Pipes oder Filedescriptoren in der Form /dev/fd... erlauben.

Zwei Varianten unterstützt die Bash: <(*Liste*) und >(*Liste*). Zwischen > bzw. < und der öffnenden runden Klammer darf kein Leerzeichen (oder etwas anderes) stehen, sonst interpretiert die Bash dies als Redirection (siehe Abschnitt *Umleitungen (Redirections)* (S. 26)). Im ersten Fall erhält die Bash Ausgaben aus der zwischen den runden Klammern enthaltenen Befehlsliste, im zweiten sendet sie ihre Ausgaben an eine solche.

Listen – siehe Abschnitt *Listen: Befehle verbinden* (S. 17) – können aus mehreren Befehlen bestehen; oft sind diese via Pipe verbunden. Mehrfache Anwendungen sind in Befehlszeilen möglich, etwa:

```
tkdiff <( grep ... | ... ) <(grep referenz | ...)
```

Anmerkungen: Neu in der Bash ab Version 4.0 sind die Koprozesse (siehe Seite 82), die sich von Hintergrundprozessen unterscheiden.

Arithmetische Ausdrücke

Auch einfache arithmetische Ausdrücke (»arithmetic expressions«, mit Ganzzahlen) kann die Bash berechnen und in der Befehlszeile ersetzen. Die Syntax erinnert an die Befehlsersetzungen: $(*Befehlsersetzung*), aber $((*arithmetischer Ausdruck*)). Den *arithmetischen Ausdruck* behandelt die Bash, als sei er zwischen doppelten Hochkommata eingeschlossen (doppelte Hochkommata im Ausdruck behandelt die Bash nicht speziell), Parameter- und Variablenersetzungen erfolgen ebenso wie Befehlsersetzungen und das abschließende Entfernen von Quotes. Arithmetische Ausdrücke lassen sich verschachteln, Variablen als Operanden einsetzen. Innerhalb der Ausdrücke verwendet die Bash Variablen ohne vorherige Expandierung.

Ungesetzte (oder leere) Variablen wertet die Bash als Null. Variableninhalte interpretiert die Bash beim Referenzieren oder bei der Zuweisung mittels declare (S. 101) bei Verwendung der Option -i als arithmetische Ausdrücke.

Konstanten, die mit einer Null beginnen (»führende Null«) interpretiert die Bash als Oktalzahl, solche mit dem Präfix 0x oder 0X als hexadezimal. Voreingestellt haben Konstanten die Form [*Basis*#]*n*, wobei die Basis im Bereich von 2 bis 64 liegen kann; ohne Angabe setzt die Bash sie auf 10. In Basen größer als 9 verwendet die Bash Kleinbuchstaben, Großbuchstaben und die Zeichen @ und _ in der angegebenen Reihenfolge als Bezeichner. *n* ist die Zahl zu der angegebenen Basis.

Tabelle 5 auf der nächsten Seite zeigt die von der Bash unterstützten Operatoren in der angegebenen Reihenfolge. Sie lassen sich auch mit den eingebauten Befehlen let (S. 111) und declare (S. 101) — mit der Option -i — einsetzen. Operatoren gleicher Ordnung wertet die Bash von links nach rechts aus, Klammern können die Reihenfolge verändern.

Eine fehlerhafte Syntax zeigt die Bash mit einer Warnung auf dem Standardfehlerkanal an. Vor Auswertung arithmetischer Ausdrücke hat die Shell bereits Parameter- und Variablenersetzungen vorgenommen. Die Bash verwendet beliebige Variablen in arithmetischen Ausdrücken, eine spezielle Deklaration ist nicht erforderlich.

Code	Bedeutung
id ++ oder id--	Post-Increment oder Post-Decrement von Variablen
++id oder --id	Pre-Increment oder Pre-Decrement von Variablen
- oder +	Vorzeichen minus und plus
! ~	logische bitweise Negation
**	Potenzierung
*, / und %	Multiplikation, Ganzzahldivision, Rest
+ oder -	Addition oder Subtraktion
<< oder >>	Bitweises Verschieben nach links bzw. rechts
<=, >=, <, >	Vergleiche links mit rechts: kleiner-gleich, größer-gleich, kleiner, größer
== oder !=	Test auf Gleichheit oder Ungleichheit
&	Bitweises UND
^	Bitweises EXKLUSIVODER
|	Bitweises ODER
&&	logisches UND
||	logisches ODER
expr ? expr : expr	Bedingte Operatoren
=, *=, /=, %=, +=, -=, <<=, >>=, &=, ^=, |=	Zuordnungen
expr1, expr2	Komma-Operator (Ausdrücke sequentiell ausführen)

Tabelle 5: Metazeichen in arithmetischen Ausdrücken

Wortersetzungen (»word expansions«)

Wortersetzungen oder besser *Word Splitting* bezeichnet die Aufteilung der Befehlszeile in einzelne Wörter, die nicht zwischen doppelten Hochkommata stehen. Die Bash verwendet die drei in der Shellvariablen $IFS (S. 70) definierten Trennzeichen, zum erkennen von Wortgrenzen. Ist $IFS ungesetzt oder enthält die Voreinstellung (Leerzeichen, Tabulator, Newline), trennt die Bash Wörter nach jedem Auftreten eines oder mehrerer dieser Zeichen. Enthält $IFS andere Inhalte, aber auch ein Leerzeichen, ignoriert die Bash Tabulatoren und NL-Zeichen am Anfang und Ende von Wörtern. Andere Inhalte von $IFS trennen Zeilen an den $IFS-Zeichen in Felder. Falls $IFS leer ist (IFS=''), erfolgt keine Auftrennung in Wörter.

Leere Parameter entfernt die Bash, auch wenn diese zwischen doppelten Hochkommata stehen.

Ab der Bash-Version 4.0 gibt es zwei neue Möglichkeiten bei den Wortersetzungen: ^(^) erzeugt Ausgaben in Großbuchstaben, ,(,) in Kleinbuchstaben, siehe Seite 47.

Dateinamenexpandierungen

Eine der wichtigsten Expandierungen betrifft die Konstruktion von Dateinamen, die nach den Wortersetzungen erfolgt. Viele Shelloptionen und Variablen steuern das genaue Verhalten zur Ermittlung von Treffern. set -f deaktiviert dies. Die im Folgenden beschriebenen Shelloptionen setzt shopt (S. 119).

Die Bash untersucht Wörter, die *, ? und [enthalten, ob sie Muster bilden, die Dateinamen repräsentieren (*File Name Matching* oder *Pattern Matching*). Die ermittelten Dateinamen fügt die Bash anschließend alphabetisch sortiert in die Befehlszeile so ein, als wären sie dort direkt angegeben.

Muster, die keine Treffer erzielen, lässt die Bash unverändert, sofern die Shelloption nullglob deaktiviert ist. Falls sie aktiv ist, entfernt die Bash entsprechende Wörter.

Die Shelloption failglob steuert, ob der Mangel von Treffern für Muster als Fehler interpretiert wird und die Befehlszeile nicht ausgeführt wird. Voreingestellt ist diese Option nicht aktiv. Falls die Shelloption nocaseglob aktiv ist, berücksichtigt die Bash Groß-/Kleinschreibung bei Ermittlung von Treffern nicht.

Anmerkung: Die Bash verfügt ab der Version 4.0 über die zusätzliche Shelloption globstar. Sie aktiviert das neue Muster »**«. Es bezeichnet alle (Unter-) Verzeichnisse *rekursiv*.

Führende Punkte in Dateinamen und Pfaden behandelt die Bash besonders, da sie oft spezielle Dateien (Konfigurationsdateien) bezeichnen. Ohne Aktivierung der Shelloption dotglob müssen derartige Dateinamen explizit angegeben werden. Ein Slash (/) muss immer explizit angegeben werden.

Die Shellvariable $GLOBIGNORE (S. 73) kann ein Muster enthalten, dessen Treffer die Bash beim automatischen Expandieren von Dateinamen ignoriert. Für . und .. gilt dies immer implizit, sobald die Variable gesetzt (und nicht leer) ist. Ein Punkt in dieser Variablen aktiviert auch die Shelloption `dotglob` automatisch. Ein Muster der Form `.*` gleicht dies wieder aus. Das Löschen von `$GLOBIGNORE` deaktiviert `dotglob`.

Ebenfalls neu in der Bash ab Version 4.0: Im privilegierten Modus ignorieren Shells `$CDPATH` und `$GLOBIGNORE`.

Dateinamenmuster und Pattern Matching

Muster für Dateinamen enthalten zwei Arten von Zeichen: »normale« Zeichen, die nur sich selbst repräsentieren, und Metazeichen (*special pattern character*), die die Bash durch etwas anderes ersetzt. Um diese literal zu verwenden, müssen sie maskiert werden. Der Backslash maskiert immer das ihm unmittelbar folgende Zeichen; falls dies kein Metazeichen ist, hat es keine Wirkung.

Zwischen Quotes – siehe Abschnitt *Quoting* (S. 35) – haben nur einige Metazeichen noch eine Wirkung. Drei Zeichen erzeugen Dateinamenmuster:

- `*` Dieses Metazeichen steht für alle beliebigen Zeichen (auch für gar kein Zeichen) in einem Dateinamen. Die Shelloption `dotglob` steuert, ob die Bash führende Punkte besonders behandelt, siehe oben.

- `?` interpretiert die Bash als »genau ein Zeichen«.

- [*Bereich*]: Mit einer öffnenden eckigen Klammer beginnt ein Bereich, der bei der ersten nicht maskierten schließenden eckigen Klammer endet (sofern diese nicht als erste Zeichen in dem Bereich auftritt: [ ]*weitere Zeichen in dem Bereich*]).

Bereiche können aus mehreren explizit angegebenen Elementen bestehen, etwa [1,a,g,5,z,i] oder aus den lexikalisch folgenden Zeichen, von denen das ersten und letzte, verbunden mit einem Bindestrich, angegeben werden: [a-z]. Die Umgebungsvariable `$LC_COLLATE` definiert, welche lexikalische Ordnung die Bash verwendet. Achtung: Das kann zu schwer auffindbaren Fehlern führen! Gegebenenfalls sollte die Umgebungsvariable `$LC_COLLATE` – oder auch `$LC_ALL` – auf den Standardwert C gesetzt werden, um derartige Fehler auszuschließen. Um den Bindestrich in einem Bereich aufzunehmen, muss er entweder als erstes oder letztes Zeichen angegeben werden.

Folgt der öffnenden eckigen Klammer unmittelbar ein ^ oder !, bewirkt dies die Invertierung eines Bereichs, etwa [!a-z]. Die Bash nutzt nun alle *nicht* angegeben Zeichen. Mehrere Bereiche lassen sich einfach aneinanderhängen: [a-zA-Z].

Zwischen den eckigen Klammern lassen sich auch (POSIX-kompatible) Zeichenklassen angeben: [:*Zeichenklasse*:]. Tabelle 6 fasst diese zusammen.

Zwischen eckigen Klammern lassen sich auch Äquivalenzklassen verwenden: [=*Zeichen*=]. Diese umfassen alle Zeichen, die unter Berücksichtigung von $LC_COLLATE identisch sind. [.*Symbol*.] erweitert dies für bestimmte Symbole, siehe Tabelle 6.

Achtung: Dateinamenmuster Sind *keine regulären Ausdrücke* im eigentlichen Sinn!

Code	Bedeutung
alnum	alphanumerische Zeichen: Buchstaben und Ziffern
alpha	große und kleine Buchstaben
ascii	(darstellbare) ASCII-Zeichen
blank	Leerzeichen und Tabulatoren
cntrl	Steuerzeichen, wie ^g
digit	dezimale Ziffern von 0 bis 9
graph	grafische Zeichen: alnum und punct
lower	Kleinbuchstaben, mindestens von a bis z
print	druckbare Zeichen: alnum, punct und blank
punct	Interpunktionszeichen, : . ; , ! ?
space	*white spaces*: Leerzeichen, Tabulatoren und Zeilenumbrüche (NL)
upper	Großbuchstaben, mindestens von A bis Z
word	enthält Buchstaben, Ziffern und _
xdigit	hexadezimale Ziffern, 0 bis 9, a bis f und A bis F

Tabelle 6: POSIX-kompatible Zeichenklassen in Dateinamenmustern; die Elemente vieler Zeichenklassen hängen von den LOCALES-Einstellungen ab.

Erweiterte Dateinamenmuster

Die Shelloption extglob – geschaltet mit shopt (S. 119) – steuert die Verwendung erweiterter Muster. Mehrere Muster lassen sich als Alternativen durch | definieren: ...*Muster1*|*Muster2*...

Fünf spezielle Varianten erweiterter Muster unterstützt die Bash:

?(*Muster1* | *Muster2*)

    Das oder die Muster müssen wenigstens einen Treffer liefern: Null oder einmal *Muster1* ODER Null oder einmal *Muster2*...

*(*Muster1* | *Muster2*)

    Die Muster können einen oder mehrere Treffer liefern: Null oder beliebig oft *Muster1* ODER Null oder beliebig oft *Muster2*...

+(*Muster1* | *Muster2*)

    Mindestens eines der Muster liefert mindestens einen Treffer: einmal oder mehrmals *Muster1* ODER einmal oder mehrmals *Muster2*...

@(*Muster1* | *Muster2*)

    Eines der Muster liefert Treffer.

!(*Muster* | *Muster2*...)

    Inversion: Alles bis auf die angegebenen Muster: NICHT *Muster1* UND NICHT *Muster2*... Diese erlaubt Ausschlussmuster.

Entfernen unnötiger Masken: Quote Removal

Am Ende der Bearbeitung von Befehlszeilen entfernt die Bash überflüssige Masken, wie sie zum Schutz vor Expandierungen eingegeben wurden, um bestimmte Zeichen oder Teile der Befehlszeile vor Expandierungen zu schützen. Neben dem Backslash (der nur das unmittelbar folgende Zeichen maskiert) entfernt die Bash auch einfache (strenge) und doppelte Hochkommata, die zwischen ihnen stehende Teile schützen.

Dieser Schritt erfolgt natürlich erst, nachdem die Bash sämtliche Ersetzungen und Expandierungen durchgeführt hat.

Befehlszeilen interaktiv bearbeiten

Eine interaktive Bash verfügt aufgrund der Verwendung der Readline- und Historylibrary über weitreichende Editierfunktionen. Wie unter Unix üblich, sind Anpassungen an unterschiedliche Terminals möglich. Insbesondere wird auch die Meta-Taste unterstützt. Unter GNU-Linux emulieren auf IBM-kompatiblen Keyboards diese *sowohl* die [lAlt]-Taste (linke Alt) als auch das vorherige Betätigen der [Esc]-Taste (also [Esc] und [Taste] statt [lAlt][Taste]). Linke und rechte [Ctrl]- (Strg) bzw. [Shift]- (Umschalt) -Tasten werden normalerweise identisch konfiguriert.

Readline

Die wesentlichen Voreinstellungen erfolgen in der Konfigurationsdatei ~/.inputenc oder interaktiv durch den eingebauten Befehl bind (S. 94). Im Wesentlichen unterscheidet die Readline-Library zwischen zwei Modi, die sich an den beliebtesten Editoren unter Unix orientieren, bzw. ihre Eingabeverfahren emulieren: EMACS und VI. Der EMACS-Modus ist voreingestellt und wesentlich mächtiger als der VI-Modus. set -o emacs bzw. set -o vi stellen die Modi um.

Anmerkung: Mit jeder neuen Version dieser Library erhält Readline zusätzliche Features, die sich oft nur in wenigen Details von bestehenden unterscheiden. Oft gibt es auch zusätzliche (Readline-) Variablen, die das genaue Verhalten der Funktionen zusätzlich steuern. Eine aktuelle Übersicht gibt info readline bzw. man readline.

EMACS-Mode

Die Readline-Library emuliert die Tastenbindungen und Editierfunktionen des EMACS. Folgende Tastenbindungen sind im EMACS-Modus voreingestellt:

Moving

[Ctrl][a] Sprung an den Zeilenanfang.

[Ctrl][e] Sprung an das Zeilenende.

[Ctrl][f] Ein Zeichen nach rechts.

[Ctrl][b] Ein Zeichen nach links.

[Meta][f] Ein Wort nach rechts.

[Meta][b] Ein Wort nach links.

[Ctrl][l] Erneuert die Terminalausgabe.

History

[Return] / [Enter] Zeile ausführen und in die History aufnehmen.

[Ctrl][p] Zur vorigen Zeile in der History wechseln.

[Ctrl][n] Zur nächsten Zeile in der History wechseln.

[Meta][<] Zur ersten Zeile in der History wechseln.

[Meta][>] Zur letzten Zeile in der History wechseln.

[Ctrl][r] Inkrementelle Suche in der History, rückwärts.

[Ctrl][s] Inkrementelle Suche in der History, vorwärts. (Muss auf manchen Systemen erst mit stty -ixon aktiviert werden.)

[Ctrl][Meta][y] fügt erstes Wort der vorigen Zeile ein.

[Meta][.] oder [Meta][_] fügen das letzte Wort der vorigen Zeile ein.

Text in Befehlszeilen manipulieren

[Ctrl][d] löscht aktuelles Zeichen.

[Backspace] löscht Zeichen links vom Cursor.

[Ctrl][q] oder [Ctrl][v] fügt folgendes Zeichen verbatim (ohne Bearbeitung) ein. Ermöglicht Eingabe von Steuerzeichen.

[Ctrl][t] vertauscht Zeichen links und unter dem Cursor.

[Meta][t] vertauscht Wörter links und unter dem Cursor.

[Meta][u] lässt folgendes Wort mit einem Großbuchstaben beginnen.

[Meta][c] wandelt aktuelles/folgendes Wort in Großbuchstaben um.

[Meta][l] wandelt aktuelles/folgendes Wort in Kleinbuchstaben um.

Löschen und Killen

Beim Killen speichert Readline entfernte Passagen im so genannten Killring. [Ctrl][y] fügt zuletzt gekilltes wieder ein, zuvor kann [Meta][y] den Killring rotieren.

[Ctrl][k] killt bis zum Zeilenende.

[Ctrl][x] [Backspace] oder [Ctrl][u] killt bis zum Zeilenanfang.

[Meta][d] killt vom Cursor bis zum Wortende.

[Meta][Del] killt nächstes Wort, Sonderzeichen als Wortgrenzen.

[Ctrl][w] killt nächstes Wort, Leerzeichen als Wortgrenzen.

Komplettierungen

Auch einige Komplettierungsfunktionen sind voreingestellt:

[Tab] komplettiert soweit möglich das aktuelle Wort. [Tab][Tab] listet alle Möglichkeiten auf.

[Meta][?] zeigt alle möglichen Komplettierungen. [Meta][*] fügt alle möglichen Komplettierungen am Cursor ein.

[Meta][/] komplettiert Dateinamen. [Ctrl][x] [/] zeigt alle Möglichkeiten.

[Meta][~] komplettiert Usernamen. [Ctrl][x] [~] zeigt alle an.

[Meta][$] komplettiert Wort als Variablennamen. [Ctrl][x] [$] zeigt alle Möglichkeiten.

[Meta][@] komplettiert Wort als Hostnamen. [Ctrl][x] [@] zeigt alle Möglichkeiten.

[Meta][!] komplettiert Wort als Befehlsnamen. [Ctrl][x] [!] zeigt alle Möglichkeiten.

[Meta][Tab] komplettiert Wort anhand von Historyzeilen. [Ctrl][x] [{] zeigt alle Möglichkeiten.

Makros

Readline unterstützt mit so genannten Makros die Eingabe von Texten oder den Aufruf von (zuvor gebundenen) Tasten. Jeweils ein Makro lässt sich interaktiv definieren (und aufrufen).

[Ctrl][x] [(] startet die Aufzeichnung des Makros. Alle Eingaben bis zu [Ctrl][x] [)] sind Bestandteile des Makros und werden später unverändert durch [Ctrl][x] [e] ausgeführt.

Wiederholungen

Alle Tasten(bindungen) lassen sich automatisiert mehrfach aufrufen. Zusammen mit der [Meta]-Taste verwendete Ziffern interpretiert Readline als Anzahl (das so genannte »numerische Argument«), ein als erstes Zeichen eingegebenes Minuszeichen wird berücksichtigt (und kehrt die meisten Funktionen um). Zusätzlich kann mittels der voreingestellt ungebundenen Funktion universal-argument ein Wiederholungsfaktor (voreingestellt: 4) definiert werden; jeder Aufruf der Funktion multipliziert diesen mit dem angegebenen Wert (4, 16, 64, usw.).

Andere Funktionen

[Ctrl][x] [Ctrl][r] liest (erneut) die Konfigurationsdatei (voreingestellt ~/.inputenc) ein.

[Ctrl][g] bricht aktuelle Aktion ab.

[Ctrl][_] oder [Ctrl][u] (undo) hebt vorherige Aktion wieder auf.

[Meta][r] nimmt alle Änderungen in der aktuelle Zeile zurück.

[Meta][&] expandiert das aktuelle Wort.

[Ctrl][@] setzt Markierung an der Cursorposition.

[Ctrl][x] [Ctrl][x] vertauscht Markierung und Cursorposition.

[Ctrl][]] Cursor springt zum nächsten, dem aktuell unter dem Cursor entsprechenden Zeichen in der Befehlszeile.

[Meta][Ctrl][]] Cursor springt zum vorigen Zeichen unterm Cursor.

[Meta][#] kommentiert die aktuelle Zeile aus.

[Meta][g] interpretiert Zeichen vor dem Cursor als Dateinamenmuster (einen Joker implizit angehängt) dessen Expandierung eingefügt wird. [Ctrl][x] [*] wirkt analog, allerdings ohne den Joker (der wird nur mit einem numerischen Argument eingefügt).

[Ctrl][x] [g] erzeugt eine Expandierungsliste durch die Funktion glob expand-word und fügt diese am Cursor ein. Mit einem numerischen Argument hängt Readline einen Joker vor das Muster.

[Ctrl][x] [Ctrl][v] expandiert zur Version dieser Bash.

[Meta][Ctrl][e] expandiert die Zeile so, wie es die Bash implizit macht, führt dabei alle Ersetzungen durch, die Zeile aber (noch) nicht aus.

[Meta][^] führt Historyexpandierungen für die aktuelle Zeile durch.

[Meta][.] oder [Meta][_] fügt letztes Argument der vorigen Zeile ein.

[Ctrl][o] führt aktuelle Zeile aus und zeigt danach die nächste an.

[Ctrl][x] [Ctrl][e] startet den Editor (ermittelt auch $VISUAL und $EDITOR oder falls ungesetzt EMACS) mit der aktuellen Zeile und führt das Ergebnis anschließend aus.

Anmerkung: Die Bash ab Version 4.0 verfügt über eine nützliche, neue Readline-Funktion: dabbrev-expand, die allerdings voreingestellt noch nicht gebunden ist. Sie greift für Expandierungen auf die Historyzeilen zu. Ab Version 4.1 verhält sich diese Funktion noch EMACS-ähnlicher und fügt keine Leerzeichen mehr automatisch an, sortiert Komplettierungen nicht mehr vor und greift zunächst auf die vorherige mögliche Komplettierung zu.

VI-Modus

Neben dem EMACS-Modus emuliert Readline auch eine Funktionsuntermenge der Eingabeschnittstelle des VI. Voreinstellung ist der *insert-Modus*, [Esc] wechselt in den *Command-Modus*. Folgende Tastenbindungen stellt der Command-Modus vorab ein:

[h] geht ein Zeichen nach links, [l] eines nach rechts; [w] springt ein Wort nach links, [b] eines nach rechts, [W] an den Anfang der nächsten Wortes, [B] an den des vorigen, [e] zum Ende des aktuellen. [0] springt zum Anfang der Zeile, [^] zum ersten Wort, [$] springt zum Zeilenende.

[a] fügt Text am Cursor ein, [i] davor, [I] am Zeilenanfang, [A] am Zeilenende; [.] wiederholt die letzte [a]-Ausführung, [R] aktiviert das Überschreiben.

[d][h] (oder [X]) löscht ein Zeichen links, [d][l] (oder [x]) eines rechts, [d][b] ([d][B] für nicht-leere) ein Wort links, [d][w] ([d][W] für nicht-leere) eines rechts; [d][$] (oder [D]) löscht bis zum Zeilenende, [d][0] bis zum Zeilenanfang. [d][d] löscht die gesamte Zeile, [C] bis zum Zeilenende, wechselt aber dann in den insert-Modus; [c][c] wirkt analog, löscht aber die gesamte Zeile.

[k] (oder [-]) geht eine Zeile zurück, [j] (oder [+]) eine vor; [G] eine beliebige Anzahl von Zeilen. [/] sucht vorwärts nach einer Zeichenkette, [\] rückwärts. [n] wiederholt die Suche vorwärts, [N] rückwärts. [f]*Zeichen* springt zum nächsten Auftreten des *Zeichens*, [F] zum vorigen. [t]*Zeichen* wirkt analog zu [f], geht aber noch ein Zeichen zurück, [T] entspricht [F], geht aber noch ein Zeichen weiter. [;] wiederholt die letzte Zeichensuche; [,] macht das in umgekehrter Richtung.

[\] komplettiert Dateinamen, [*] expandiert das links stehende Wort. [\][=] zeigt eine Liste möglicher Komplettierungen an.

[~] wandelt Groß- in Kleinbuchstaben um und umgekehrt. [\][_] ergänzt das letzte Wort des vorigen Befehls. [#] schreibt ein Kommentarzeichen an den Zeilenanfang.

History

Interaktive Shells speichern bereits ausgeführte Befehlszeilen in der History. Eine Reihe von Variablen steuern dies im Detail, siehe Seite 76; der eingebaute Befehl `history` (S. 109) dient als Anwenderschnittstelle. Im interaktiven Einsatz ermöglicht der *Bang* (ein Ausrufezeichen am Beginn einer Befehlszeile) den Zugriff auf Zeilen(teile) aus der History.

Eine Historyexpandierung kann aus bis zu drei Komponenten bestehen: einem *Event Designer* (bestimmt die Historyzeile), einem *Word Designer* (definiert das gewünschte Wort) und einem *Modifier* (modifiziert die Auswahl). Zwischen diesen steht jeweils ein Doppelpunkt.

Zwei erweiterte Shelloptionen steuern das genaue Verhalten der Bash bei Historyexpandierungen: `histverify` lädt die konstruierten Zeilen zur weiteren Bearbeitung in den Readline-Editor, `histreedit` sorgt dafür, dass fehlerhafte Historyexpandierungen dort ebenfalls erneut editiert werden können. `history` (S. 109) zeigt zusammen mit der Option `-p`, wie die Bash Historyzeilen expandiert. Durch `-s` lassen sich Befehlszeilen (ohne sie zuvor auszuführen) an die Historydatei hängen.

Die Shellvariable `$histchars` (S. 76) definiert die Steuerzeichen für Historyexpandierungen.

Event Designer

Folgende Event Designer kennt die Bash:

- `!` : beginnt eine Historyersetzung, sofern nicht unmittelbar ein =, Leerzeichen, Tabulator, Newline oder (folgt.
- `!`*Nummer*: verwendet die Historyzeile mit der angegebenen Zeilen*nummer*. Eine negative *Nummer* interpretiert die Bash als relative Angabe (*Nummer*-Zeilen zurück).
- `!!`: bezeichnet die vorige Historyzeile.
- `!`*String*: verwendet die letzte Historyzeile, die mit dem angegebenen *String* beginnt.
- `!?`*String*`?`: verwendet die letzte Historyzeile, den den angegebenen *String* enthält. Das abschließende ? ist optional.
- `!#` steht für die gesamte Befehlszeile bis hierher.
- `^`*alt*`^`*neu*`^`: ersetzt *alt* durch *neu* in der vorigen Befehlszeile. Das abschließende ^ ist optional.

Speziell auf die zuletzt ausgeführte (vorige Befehlszeile) lässt sich in unterschiedlicher Weise zugreifen: `!!` führt sie erneut aus. [Esc][.] oder [Meta][.] fügt das letzte (mit einem numerischen Argument das entsprechende) Wort (bei Null beginnend) aus der vorigen Befehlszeile am Cursor in die Befehlszeile ein, also: [Meta] [5] [.] fügt das fünfte Argument (sechste Wort) der lrtztrn Zeile am Cursor ein.

`^` erlaubt *Schnellersetzungen* in der Form `^`*alt*`^`*neu*. In diesem Fall ersetzt die Bash das erste Auftreten von *alt* durch *neu* und führt dann die Befehlszeile erneut aus.

Word Designer

Word Designer wählen Wörter aus (mit Event Designern definierten) Befehlszeilen aus. Ein Doppelpunkt trennt dabei den Event vom Word Designer. Die Bash kennt diese:

- 0 das 0te Wort (der Befehl)
- *Nummer* das Wort mit der angegebenen Position (beginnend mit Null)
- ^ das erste Argument (Wort 1)
- % der/die Treffer der letzten Suche mit ?*String*
- *erstes-letztes* die Wörter an den angegebenen Positionen
- *-letztes* entspricht 0-*letztes*
- *erstes** entspricht *erstes*-$
- *erstes-* wie *erstes**, aber ohne das $ (letztes Wort)
- * alle Argumente (Wörter ohne das 0te)
- $ das letzte Wort

Modifier

Durch einen Modifier lassen sich ausgewählte Teile einer Zeile verändert nutzen. Diese Modifier unterstützt die Bash:

- h (head) entfernt die letzte Komponente eines Pfads (wie dirname).
- r (remove) entfernt die letzte Extension eines Dateinamens.
- e (extract) extrahiert nur die letzte Extension eines Dateinamens.
- t (tail) extrahiert nur die letzte Komponente eines Pfads (wie basename).
- p (print) verhindert das Ausführen der neuen Befehlszeile, zeigt sie nur an.
- q (quote) kapselt eingefügten Text in einfache Hochkommata.
- x wie q, aber führt Worttrennungen an Leerzeichen, Tabulatoren und NL durch.

- s:*alt*:*neu*: ersetzt *alt* durch *neu*; das Trennzeichen ist beliebig (das letzte optional); & referenziert *alt* in *neu*.
- & wiederholt die letzte Ersetzung.
- g oder a (als Präfix von s): für globale Ersetzungen.
- G wendet folgende Ersetzungen auf jedes Wort an.

Alias-Konstrukte

Der eingebaute Befehl `alias` (S. 93) definiert Alias-Konstrukte, die die Bash bei der Bearbeitung von Befehlszeilen durch den definierten Text ersetzt, sofern es an einer Position steht, wo einfache Befehle zulässig sind.

Positionsparameter unterstützt die Alias-Konstrukte der Bash *nicht*, Meta- und Leerzeichen in den Ersetzungstexten müssen maskiert sein; die Bash prüft das erste Wort, ob es ein Alias-Konstrukt ist. (Alias-Konstrukte, die den gleichen Namen wie das momentan ausgeführte haben, ignoriert die Bash dabei, Rekursion ist nicht möglich.) Falls die Alias-Definition mit einem Leerzeichen oder Tabulator endet, prüft die Bash für das folgende Wort, ob es ebenfalls ein Alias ist.

Die Shelloption `expand_aliases` (voreingestellt für interaktive Shells) steuert, ob die Bash Alias-Konstrukte expandiert. `unalias` (S. 129) löscht Alias-Konstrukte.

Anmerkung (aus der Bashref): »*The rules concerning the definition and use of aliases are somewhat confusing... To be safe, always put alias definitions on a separate line, and do not use alias in compound commands...*

For almost every purpose, shell functions are preferred over aliases.«

Funktionen

Shellfunktionen sind ein einfacher und effektiver Weg, Befehlsgruppen mehrfach zu nutzen. Im Prinzip funktionieren sie wie Shellskripten, werden aber nicht extra in einer Datei gespeichert, obwohl dies natürlich möglich ist.

Die Bash führt Funktionen und Shellskripten wie »normale« Befehle im aktuellen Environment aus, erlaubt daher Redirections, das Auswerten von Returncodes usw. Auch Rekursion (beliebiger Tiefe) sind möglich. Die Syntax für die Definition von Funktionen sieht so aus:

```
function Name {█ Befehle ;█} Redirection
oder:
Name (){█ Befehle ;█} Redirection
```

Das Schlüsselwort function ist optional, die runden Klammern können bei seiner Angabe entfallen, obligatorisch sind die geschweiften Klammern mitsamt den Leerzeichen. Oft erfolgt die Definition in mehreren Zeilen, dann kann das Semikolon entfallen:

```
Name () {
        Befehle
        }
```

Den eigentlichen Code *Befehle* (»Funktionskörper«) bildet eine Befehlsgruppe, die allerdings hier in der Lage ist, Positionsparameter zu verarbeiten. Redirections beziehen sich auf die gesamte Liste, wie das auch sonst der Fall ist. Rückgabewerte erzeugt die Bash bei Syntaxfehlern automatisch, sonst wird der Rückgabewert des zuletzt ausgeführten Befehls zurückgegeben.

Beim Aufruf einer Funktion setzt die Bash die Positionsparameter mit den Argumenten, $0 bleibt aber unverändert. Das erste Argument der Shellvariablen $FUNCNAME enthält den Namen der aktuellen Funktion. Nach Beendigung einer Funktion restauriert die Bash die Positionsparameter auf die Werte vor der Ausführung. DEBUG- und RETURN-Traps vererbt die Bash nicht an Funktionen, sofern dies nicht durch declare -t aktiviert wurde.

Mit dem eingebauten Befehl return (S. 115) wird eine Funktion so verlassen, dass die Shell mit der Bearbeitung der nächsten Befehlszeile fortfährt, nachdem die Bash mittels RETURN-Trap definierte Befehle ausführte. return kann optional ein Rückgabewert übergeben werden, der (anstelle des vom zuletzt ausgeführten Befehls) an die aufrufende Shell übergeben wird.

Innerhalb von Funktionen sind mit dem eingebauten Befehl `local` (S. 111) lokale Variablen möglich. Diese haben nur innerhalb der Funktion ihren Wert und können nur von den dort verwendeten Befehlen ausgelesen bzw. gesetzt werden.

`declare` (S. 101) oder `typeset` (S. 127) listen alle momentan bestehenden Funktionen auf (Option `-f` oder `-F`). `export` (S. 105) ermöglicht die Übertragung in neue Environments, was möglichst nicht zusammen mit gleichnamigen Variablen geschehen sollte. Funktionen lassen sich durch `unset` (S. 129) (Option `-f`) löschen.

Variablen

Die Bash kennt mehrere Arten von Variablen: Normalerweise erzeugt eine Zuweisung der Form *Variable=Wert* Textvariablen, wenn *Wert* eine Zeichenkette ist, und Integervariablen bei Ganzzahlen. Der *Variable*nname kann aus Buchstaben, Ziffern und dem Unterstrich bestehen. Vor und nach dem Gleichheitszeichen dürfen keine Leerzeichen stehen. Enthält *Wert* Leerzeichen, müssen diese maskiert werden, normalerweise durch Quotes (einfassen in einfache oder doppelte Hochkommata: *Variable="W e r t"*). Bei Zuweisungen unterliegt der *Wert* Expandierungen, sofern dies nicht einfache Hochkommata ausschließen. Word Splitting (mit Ausnahme von "$@" – siehe Abschnitt *Wortersetzungen* (S. 51)) – und Expandierungen von Dateinamenmustern erfolgen *nicht*.

Bei Zuweisungen von Integervariablen führt die Bash arithmetische Expandierungen in der Form $((*Ausdruck*)) – siehe Abschnitt *Arithmetische Ausdrücke* (S. 50) – durch, selbst wenn nur der *Ausdruck* ohne die Klammern angegeben wird: `declare -i zahl;` `zahl=5+2*3 ; echo $zahl`

`declare` (S. 101) oder auch das veraltete `typeset` erzeugen neue Variablen, denen durch Optionen bestimmte Features mitgegeben werden können. Mit `readonly` (S. 115) lassen sich Variablen vor dem Überschreiben schützen.

Zuweisungen der Form *Var=* oder *Var="* (zwei einfache Hochkommata) bzw. *Var=""* erzeugen leere Variablen, was grundverschieden vom Löschen von Variablen durch `unset` (S. 129) ist:

`unset` *Variable*

Mehrere Zuweisungen oder Löschungen sind in *einer* Befehlszeile möglich: *var*=aa *var2*=34 ...

Eine besondere Form der Zuweisung erfolgt mit dem Operator +=, und zwar so: *Var*+=*'neuer Wert'*. In dieser Form *ergänzt* die Bash den bereits bestehenden Inhalt durch *neuer Wert*; ohne das + bei der Zuweisung *ersetzt* sie ihn. += entspricht *Var*="${*Var*}*neuer Wert*". Wird diese Zuweisung auf Arrays oder Strings angewendet, hängt die Bash den *neuen Wert* unmittelbar an das letzte Element an (ohne das Array/den String zu löschen).

Variablen speichert die Bash im Environment. Mittels export (S. 105) lassen sie sich in andere, später erzeugte Environments übertragen. Wenn möglich, sollten Variablen und Funktionen keine identischen Namen haben. Einen Sonderfall bilden Variablenzuweisungen, die unmittelbar vor einem Befehlsaufruf erfolgen (sie überträgt die Bash *nur* in das Environment des Befehl):

var=1 *var2*=34 *Befehl/Skript/Funktion mit Opt./Arg....*

Eine Besonderheit neuerer Bash-Versionen ist die Möglichkeit zur indirekten Adressierung, bei der die Bash auf den Inhalt einer durch eine Variable benannte Variable zugreift. Dies geschieht mit einem Ausrufezeichen unmittelbar nach der öffnenden geschweiften Klammer: ${!*Variable*} *Variable* enthält hier nur den *Namen* der Variable, deren Inhalt referenziert werden soll. Dieses Feature ist oft nützlich, beispielsweise um auf das letzte Argument in der Befehlszeile zuzugreifen (ohne dessen Nummer zu kennen): ${!#}

Arrays

Die Bash unterstützt eindimensionale Arrays. Diese fassen mehrere Variablen unter einem Namen zusammen, wobei eine Indexnummer (beginnend mit Null) die Elemente referenziert.

declare (S. 101) erzeugt ein Array: declare -a array

Eine Zuweisung kann für mehrere Elemente gleichzeitig erfolgen: *array*=(*Element1 Element2 Element3 ...*)

Oder für einzelne Elemente separat: *array*[*Index*]=*Inhalt*

Diese Form der Zuweisung ermöglicht normale Variablen in Arrays umzuwandeln. So macht CPU[2]=AMD aus der vorher mit $CPU="i686" definierten Variablen ein Array: echo ${CPU[*]} gibt nun i686 AMD aus, wobei echo $CPU immer noch i686 wiedergibt.

Alle Elemente eines Arrays zeigt die Bash mit den Indizes @ oder *. Daher gibt echo ${#BASH_VERSINFO[*]} ${BASH_VERSINFO[@]} dies aus: 6 3 2 0 1 release i686-pc-linux-gnu

Anmerkungen: Fehlt bei einer Array-Variablen der Index (array statt array[n]), verwendet die Bash das Element Null (array[0]), was mitunter zu Problemen oder Missverständnissen führt. Stehen bei der Zuweisung die *Werte* zwischen runden Klammern (...=(*Wert*)), erkennt die Bash Array-Variablen korrekt.

array[@] gibt immer alle Elemente von Array-Variablen aus, #*array*[@] deren Anzahl.

Ab der Bash Version 4.0 sind auch (eindimensionale) assoziierte Arrays (»associative arrays«) möglich. declare -A erzeugt Arrays, in denen der Index nicht mehr automatisch numerisch ist, sondern alphanumerisch interpretiert wird. Der Index muss daher bei der Definition von Variablen immer explizit angeben werden:

```
$> myarray[1]=eins
$> myarray[b]=zwei
$> myarray[c]=drei
$> echo ${myarray[*]}
zwei drei eins
```

Neu ist ab Version 4.1, dass die Bash die Indizes »quotiert« (quoted) behandelt, was aber keine Leerzeichen in ihnen ermöglicht.

Spezielle Variablen der Bash

Folgende Variablen setzt die Bash automatisch, manche durch Shelloptionen gesteuert, und aktualisiert sie bei Bedarf. Sie werden oft als *Shellvariablen* bezeichnet. Eine manuelle Wertzuweisung ist oft nicht möglich (viele sind schreibgeschützt) oder ohne Wirkung. Bei einigen Variablen hat das Löschen dauerhafte Wirkung. Selbst ein anschließendes Neuanlegen der Variable bewirkt dann nichts.

sh-kompatible Variablen

Die folgenden Variablen verwendet die Bash analog zur sh:

$CDPATH: Eine durch Doppelpunkte getrennte Liste von Verzeichnissen für cd (S. 96). (Ab Version 4.0 ignoriert die Bash diese Variable im privilegierten Modus.)

$HOME enthält das aktuelle Homeverzeichnis des Anwenders, cd ohne Argumente wechselt in dieses Verzeichnis. Die Bash greift bei Tildenersetzungen – Abschnitt *Tildenersetzungen* (S. 39) – auf diese Variable zurück.

$IFS (*internal field separators*): Eine Liste aus drei Zeichen, anhand derer die Shell Befehlszeilen in Wörter auftrennt.

$MAIL: Kann eine Maildatei enthalten, über deren Änderungen die Bash informiert (sofern $MAILPATH nicht gesetzt ist).

$MAILPATH: Kann, sofern $MAIL ungesetzt ist, eine durch Doppelpunkte getrennte Liste von Maildateien enthalten, die die Bash überwacht und neue Mails meldet. Die dabei verwendete Message kann nach einem Fragezeichen an den Pfad gehängt werden, $_ enthält den Pfad der aktuellen Maildatei; siehe auch $MAILCHECK (S. 74).

$OPTARG enthält das Argument der zuletzt mit getopts (S. 107) bearbeiteten Option.

$OPTIND enthält die (erste) Indexnummer der Argumente nach den Optionen.

$PATH enthält eine durch Doppelpunkte getrennte Liste von Verzeichnissen, in denen die Shell nach ausführbaren Programmen sucht. Ein leerer Eintrag (::) steht für das aktuelle Verzeichnis.

$PS1, $PS2: der primäre und sekundäre Prompt, siehe Kapitel Prompt(s) auf Seite 23.

Die Bash verwendet neben den POSIX-kompatiblen Variablen eine Reihe weiterer Variablen für Verwaltungsstrukturen und -aufgaben.

Erweiterte Bash-Variablen

$BASH expandiert zum vollständigen Pfad der gerade ausgeführten Shell. $BASH_ARGC ist ein Array, dessen Elemente der Parameterzahl in einem Frame des Call Stack entsprechen, oben liegt der Eintrag für den letzten Aufruf. $BASH_ARGV ist ein Array, das alle Parameter des aktuellen Call Stack enthält. Der erste Parameter der letzten Subroutine liegt am Anfang (unten), der erste der letzten am Ende (oben). Die Bash initialisiert dies nur mit der Shelloption extdebug.

$BASH_COMMAND enthält den aktuell ausgeführten Befehl (oder das Skript/die Funktion), falls nicht ein Trap-Aufruf erfolgt (dann enthält sie den zuvor ausgeführten Befehl). $BASH_EXECUTION_STRING enthält das an -c übergebene Argument.

$BASH_LINENO: Dieses Array enthält die mit Zeilennummern in Skripten zu den in $FUNCNAME (S. 73) aufgeführten Funktionen: ${BASH_LINENO[$i]} korrespondiert mit ${FUNCNAME[$i]} bzw. ${BASH_SOURCE[$i]}.

$BASHOPTS: Neu ab Version 4.1; enthält alle durch shopt (S. 119) gesetzten Shelloptionen in lesbarer Form.

$BASHPID: Neu in Version 4.0; enthält die PID der aktuellen Shell.

$BASH_REMATCH: Dieses schreibgeschützte Array enthält durch =~ an [[zugewiesene Parameter (schreibgeschützt). Element 0 des Arrays stimmt mit dem gesamten Ausdruck überein, 1 mit dem ersten Teilausdruck (in Klammern) usw.

$BASH_SOURCE Ein Array mit Quellen, deren Namen mit den Einträgen von $FUNCNAME korrelieren.

$BASH_SUBSHELL wird für jede Subshellebene um 1 erhöht, beginnend mit 0.

$BASH_VERSINFO ist ein Array mit allen wichtigen Versionsinformationen (Major, Minor, Patchlevel, Build, Release und $MACHTYPE, in dieser Reihenfolge). $BASH_VERSION ist eine Kurzform der vorigen Variable.

$BASH_ENV und $ENV definieren, sofern sie gesetzt sind, Konfigurationsdateien für Skripten. Im privilegierten Modus unterbleibt die Auswertung.

$BASH_XTRACEFD kann eine Ganzzahl enthalten, die von der Bash als Filedescriptor für xtrace-Ausgaben interpretiert wird.

$COLUMNS: enthält die aktuelle Terminalbreite, siehe auch $LINES. select (S. 115) verwendet dies, um die Ausgaben zu formatieren. Das Signal SIGWINCH veranlasst die Bash, diese Variable zu aktualisieren.

Die folgenden Variablen stehen nur in den durch Komplettierungen aufgerufenen Funktionen zur Verfügung:

$COMP_CWORD: enthält die Cursorposition (als Indexnummer von $COMP_WORDS) für die aktuelle Komplettierung. Genauer gibt dies $COMP_POINT an: Die Indexnummer der Cursorposition, relativ zum Anfang der aktuellen Befehlszeile. Am Ende einer Befehlszeile entspricht dies $COMP_LINE und die Variable enthält die aktuelle Zeilennummer. Mit den in $COMP_WORDBREAKS enthaltenen Zeichen trennt die Readline-Library Zeilen in Wörter, die dann als Array $COMP_WORDS einzeln vorliegen. Das Array $COMPREPLY enthält die möglichen Komplettierungen.

$COMP_TYPE ist neu in Bash ab Version 4.0; enthält ein Zeichen für den Komplettierungstyp.

$COMP_KEY ist neu in Bash ab Version 4.0; enthält das für Komplettierungen verwendete Zeichen, beispielsweise [Tab].

Diese Variablen steuern verschiedene Aspekte in Shells und dem unterliegenden Betriebssystem:

$DIRSTACK ist ein Array mit durch pushd (S. 113) abgelegten und mit popd (S. 112) wieder hergestellten Verzeichnissen; dirs (S. 102) zeigt den Inhalt an. Nach dem Löschen verliert die Variable ihre Eigenschaften.

$EMACS: Falls das Environment einer Bash diese Variable (deren Inhalt mit t beginnt) enthält, wertet die Bash dies als Ausführung innerhalb eines EMACS-Buffers und deaktiviert die internen Editierfunktionen.

$EUID (schreibgeschützt) enthält die effektive UID des Anwenders, der die Bash gestartet hat. Siehe auch $UID (S. 76).

$FCEDIT definiert den von fc (S. 105) mit der Option -e gestarteten Editor.

$FIGNORE kann eine durch Doppelpunkte getrennte Liste von Extensionen enthalten, die die Bash bei Dateinamenexpandierungen ignoriert. Siehe auch $GLOBIGNORE.

$FUNCNAME: Dieses Array enthält alle Funktionsnamen des aktuellen Execution Stacks, Element 0 ist die aktuelle Funktion, das letzte enthält die »main«-Funktion. Die Variable existiert nur bei der Ausführung von Funktionen. Nach dem Löschen verliert die Variable ihre Eigenschaften, Wertzuweisungen führen zu Fehlern.

$GLOBIGNORE kann ein Muster von Dateinamen enthalten, die bei Expandierungen ignoriert werden; siehe auch $FIGNORE. (Ab Version 4.0 ignoriert die Bash diese Variable im privilegierten Modus.)

$GROUPS Ein Array mit allen GIDs, deren Mitglied der User mit $UID ist. Nach dem Löschen verliert die Variable ihre Eigenschaften, Wertzuweisungen führen zu Fehlern.

$HOSTFILE definiert die Datei, anhand derer die Bash Hostnamen komplettiert. $HOSTNAME enthält den automatisch ermittelten Hostname dieses Rechners, $HOSTTYPE den automatisch ermittelten Systemtyp. Nach dem Löschen verlieren die Variablen ihre Eigenschaften, Wertzuweisungen führen zu Fehlern.

$IGNOREEOF legt fest, wie viele EOF-Zeichen eine interaktive Shell ignoriert, bevor sie terminiert. Existiert die Variable, enthält aber keine positive Ganzzahl, interpretiert die Bash dies als 10.

$INPUTRC enthält den Pfad zu einer Readline-Konfigurationsdatei (Voreinstellung ~/.inputenc).

$LINENO enthält die aktuelle Zeilennummer innerhalb eines Skripts oder einer Funktion. Beim Löschen verliert sie ihre Eigenschaften.

$LINES enthält analog zu $COLUMNS die aktuelle Zeilenanzahl des Terminals. SIGWINCH aktualisiert diesen Wert.

$MACHTYPE enthält automatisch ermittelte Informationen über das System. Siehe auch $OSTYPE (S. 74).

$MAILCHECK steuert, wie oft (in Sekunden) die Bash $MAIL (S. 70) bzw. $MAILPATH-Files vor Ausgabe eines neuen primären Prompts auf neuen Nachrichten hin überprüft, die Voreinstellung ist 60. Werte, die keine positiven Ganzzahlen sind, deaktivieren diesen Check.

$MAPFILE: Ein Array, in das mapfile (S. 111) Daten einließt, sofern keine alternative Variable angegeben wurde.

$OLDPWD enthält das zuvor aktuelle Verzeichnis, siehe $PWD (S. 75).

$OPTERR: Falls der Inhalt 1 ist, zeigt die Bash Fehler von getopts (S. 107) an.

$OSTYPE enthält die automatisch ermittelte Information über das Betriebssystem. Siehe auch $MACHTYPE (S. 74).

$PIPESTATUS ist ein Array mit den Rückgabewerten aller an der zuletzt ausgeführten Pipe beteiligten Befehle.

$POSIX_CORRECT: aktiviert den POSIX-Modus, siehe Abschnitt *POSIX-Modus* (S. 83) (analog set -o posix).

$PPID (schreibgeschützt) enthält die Eltern-PID (Process ID).

$PROMPT_DIRTRIM: Neu ab Version 4.0; eine Ganzzahl interpretiert die Bash als Zeichenanzahl, die \w und \W im Prompt expandieren

---

$PS3, $PS4 und $PROMPT_COMMAND: Spezielle Prompts und ein vor $PS1 (S. 23) ausgeführter Befehl, siehe Kapitel auf Seite 23.

$PWD enthält das aktuelle Verzeichnis, wie es cd (S. 96) setzt. Siehe auch $OLDPWD (S. 74).

$RANDOM enthält bei jedem Aufruf eine neue, zufällig im Bereich von 1 bis 32767 erzeugte Ganzzahl. Wertzuweisungen initialisieren den Zufallszahlengenerator neu. Nach dem Löschen verliert die Variable ihre speziellen Eigenschaften.

$READLINE_LINE_BUFFER enthält die den aktuellen Inhalt des Readline-Buffers, der sich mit dieser Variablen verändern lässt. Achtung: In früheren Bash-Versionen hieß diese Variable zeitweilig $READLINE_LINE.

$READLINE_POINT definiert den Point (Cursor-Position) im aktuellen Readline-Buffer, bzw. der Variablen $READLINE_LINE_BUFFER und lässt sich hier modifizieren.

$REPLY ist die voreingestellte Variable von read (S. 114), falls dort keine andere für Eingaben definiert wird.

$SECONDS enthält die aktuell verstrichene Zeit in Sekunden seit dem Start der Shell, existiert erst nach der ersten Referenz. Zuweisungen setzen diese Variable auf einen neuen Startwert, den die Bash dann ebenfalls im Sekundentakt erhöht. Nach dem Löschen verliert die Variable ihre Eigenschaften.

$SHELL enthält den vollständigen Pfad der Shell.

$SHELLOPTS (schreibgeschützt) enthält durch Doppelpunkte getrennt die Langformen der aktivem Optionen, wie sie set (S. 116) mit -o einstellt. Existiert diese Variable beim Start im Environment, aktiviert die Bash entsprechende Einstellungen automatisch.

$SHLVL enthält den aktuellen Shelllevel, wird automatisch für jede Subshellebene um 1 erhöht.

$TIMEFORMAT definiert das Ausgabeformat von time (S. 125). %% erzeugt ein Prozentzeichen, das optionale *p* definiert in den folgenden Ausdrücken die Präzision als Anzahl von Nachkommastellen (voreingestellt: 3, 0 deaktiviert dies), gefolgt von einem (optionalen) l für ein langes Ausgabeformat: %*p*R zeigt die geschätzte Gesamtzeit, %*p*U im Usermodus und %*p*S im System- (Kernel-) Modus.

$TMOUT definiert die Wartezeit von read (S. 114) und select (S. 115) in Sekunden, sofern der Wert eine positive Ganzzahl ist. In interaktiven Shells definiert dies die Zeit, nach der Bash terminiert, falls nach Ausgabe von $PS1 keine Eingaben erfolgten.

Falls $TMPDIR ein schreibbares Verzeichnis enthält, nutzt die Bash dies für temporäre Dateien.

$UID (schreibgeschützt) enthält die reale User ID des Anwenders, der die Shell gestartet hat. Siehe auch $EUID (S. 73).

Historyvariablen

Folgenden Variablen steuern die History, siehe Seite 61:

$histchars kann bis zu drei Zeichen enthalten, die für Historyexpandierungen (Bang: !), Schnellersetzungen (Quick Substitutions: ^) und Kommentare (voreingestellt: #) verwendet werden. $HISTCMD enthält die aktuelle Historynummer der aktuellen Befehlszeile. Nach dem Löschen verliert die Variable ihre Eigenschaften. $HISTCONTROL enthält eine durch Doppelpunkte getrennte Liste von Schlüsselwörtern, die die Aufnahme neuer Einträgen steuern: ignorespace verhindert, dass mit Leerzeichen beginnende Zeilen in die History gelangen, ignoredups verhintert die mehrfache Aufnahme identischer Zeilen. ignoreboth kombiniert beides. erasedups löscht alle mit der aktuellen Zeile übereinstimmenden Zeilen nachträglich. In $HISTIGNORE lassen sich Muster von Befehlszeilen vereinbaren, die *nicht* in die Historydatei übertragen werden. In der Variable steht & für ignoredups, ein literales Kaufmanns-Und (*ampersand*) muss daher maskiert sein. [█] entspricht ignorespace. Muster beginnen mit dem Zeilenanfang, ein Joker ist *nicht implizit*.

$HISTFILE (Voreinstellung: ~/.bash_history) definiert den Pfad der verwendeten Historydatei, $HISTFILESIZE ihre Größe, voreingestellt ist 500 (Zeilen). Das ist auch die Voreinstellung für $HISTSIZE, in der die Größe des (aktuellen temporären) Historyspeichers eingestellt ist. In $HISTTIMEFORMAT lässt sich ein strftime (3)-kompatibles Format für Zeitmarken der Historyeinträge definieren.

Anmerkung: Voreingestellt verwenden alle Bash-Instanzen eines Users nur *eine* Historydatei, so dass nur der Inhalt der zuletzt beendeten Shell erhalten bleibt.

Languagevariablen

Folgende Variablen steuern landessprachliche Anpassungen für die Bash (und viele weitere Programme):

$LANG enthält landessprachliche Voreinstellungen, die zum Tragen kommen, wenn keine entsprechende $LC_-Variable gesetzt ist. Den Inhalt von $LC_ALL werten die Programme (einschließlich der Bash) stärker als den von $LANG oder anderen $LC_-Variablen.

$LC_COLLATE steuert die Sortierreihenfolge, die Zeichenklassen und wird für Stringvergleiche und auch bei Komplettierungen und anderen Ausgaben berücksichtigt.

$LC_CTYPE definiert die Interpretation einzelner Zeichen (-klassen). $LC_MESSAGES steuert landessprachliche Einstellungen für Variablenersetzungen zwischen doppelten Hochkommata, $LC_NUMERIC die Einstellungen für Zahlen.

Spezielle Parameter der Bash

Die Bash behandelt – wie andere Shells auch – eine Reihe von Parametern/Variablen besonders. Sie setzt diese automatisch, und Redefinitionen sind weder sinnvoll noch möglich bzw. ohne Wirkung.

$*

$* expandiert die Bash zu allen Positionsparametern, beginnend bei $1 (für $0 siehe unten). Zwischen doppelten Hochkommata expandiert dieser Parameter so: Die Bash erzeugt *ein Wort* mit dem Inhalt aller Positionsparameter, getrennt durch das erste in der Variablen $IFS (S. 70) enthaltene Zeichen (üblicherweise ein Leerzeichen), also: "$1█$2█..." Achtung: Das ist oft nicht, was erwartet wird. Sind die Positionsparameter ungesetzt (oder leer), entfernt die Bash sie bei der Expansion.

$@

$@ wertet die Bash ähnlich wie $* aus. Auch diesen Ausdruck expandiert die Bash zu allen Positionsparameter, beginnend bei $1. Zwischen doppelten Hochkommata ersetzt die Bash ihn allerdings durch alle (ebenfalls zwischen doppelten Hochkommata stehenden) Positionsparameter, und zwar jeweils einzeln: "$1"█"$2"█...

Falls $@ innerhalb einer Zeichenkette auftritt, fügt die Bash vor dem ersten und nach dem letzten Positionsparameter *keine Leerzeichen* ein, für ungesetzte Positionsparameter (oder leere), entfernt sie die Bash beim expandieren.

$#

Dies expandiert die Bash zur Anzahl vorhandener Positionsparameter, beginnend bei $1. Das letzte Argument in einer Befehlszeile (*last argument*) wird so adressiert: ${!#} (Dabei handelt es sich um eine indirekte Adressierung.)

$?

Dieser Parameter enthält den Rückgabewert des zuletzt von der Shell (im Vordergrund) ausgeführten Befehls.

$-

Die Bash speichert eine Kurzform der momentan aktiven Shelloptionen in dieser Variablen, etwa himBH Dies umfasst nur die mit set (S. 116) verwalteten (einfachen) Shelloptionen und durch Befehlszeilenoptionen gesetzte.

$$

$$ expandiert zur aktuellen PID (der Shell). Innerhalb einer Subshell expandiert dies zur PID der aufrufenden Shell. Dieser Ausdruck wird gern zur Unterscheidung von Prozessen verwendet, etwa tmpdir=/tmp/del.$$.

$!

$! expandiert die Bash zur PID des zuletzt gestarteten Hintergrundprozesses. Es ermöglicht den direkten Zugriff auf den Prozess: `...& sleep 99; kill -1 $!`

Achtung: Dies darf nicht mit der indirekten Adressierung (Seite 41) verwechselt werden.

$0

$0 ersetzt die Bash durch den Namen der Shell oder des Shellskripts, wie es beim Start gesetzt wurde. Die Befehlszeilenoption `-c` veranlasst die Bash, $0 mit dem ersten Argument des auszuführenden Strings zu belegen (falls vorhanden, sonst wie oben).

$_

Beim Start der Bash enthält $_ den Pfad, unter dem die Bash (oder das Shellskript) gestartet wurde. Später (nach der Expandierung) wird dies durch das letzte Argument des vorherigen Befehls ersetzt. Beim Aufruf von Befehlen enthält $_ deren Pfade, beim Mailcheck den der aktuellen Mail-Datei. (Wird selten verwendet.)

Hintergrundprozesse: Jobs

Von der Bash mittels & im Hintergrund gestartete Prozesse werden als *(background) jobs* bezeichnet. Diese lassen sich – obwohl nicht mehr mit dem Terminal verbunden – noch in gewissen Grenzen über die Jobverwaltung steuern. Dazu werden sie entweder über ihre PID direkt durch Signale manipuliert oder über die von der Bash vergebene Jobnummer angesprochen. Diese gibt die Bash immer automatisch bei der Verlagerung von Jobs in den Hintergrund aus:

$> *job* &
[*Jobnummer*] PID

Eine Alternative, Jobs in den Hintergrund zu verlagern, bietet bg:

$> *job*   [Ctrl][z] *hält den Prozess an*
[*Jobnummer*]+ Stopped   ...
> bg *bringt den letzten angehaltenen Job in den Hintergrund*

[Ctrl][y] führt zu einem verzögerten Anhalten, das bei dem Versuch, vom Terminal zu lesen, einsetzt. Alle Prozesse einer Pipeline behandelt die Bash als einen Job. Nur Vordergrundprozesse können Eingaben von einem Terminal erhalten oder Ausgaben darauf senden. Hintergrundprozesse, die versuchen von einem Terminal zu lesen oder darauf zu schreiben, erhalten die Signale SIGTTIN bzw. SIGTTOU, was sie oft zum Terminieren bringt. Später lassen sich Hintergrundprozesse mittels fg (S. 106) erneut in den Vordergrund bringen:

> `fg` *%Jobnummer*   bringt *"Jobnummer" in den Vordergrund*

`bg` und `fg` beziehen sich voreingestellt auf den zuletzt in den Hintergrund verlagerten Prozess. Durch *%Jobnummer* lässt sich aber auch ein beliebiger anderer zuvor gestarteter Hintergrundprozess als Argument angeben, wobei diese Abkürzungen möglich sind: %, %% oder %+ bezeichnen den aktuellen (zuletzt verlagerten) Prozess, %- meint den vorigen Job. `jobs` (S. 110) listet die Hintergrundprozesse auf, + markiert dabei den aktuellen, - den vorigen. Weiterhin lassen sich Hintergrundprozesse in der Form *%Abk.*, wobei *Abk.* eindeutig (und nur einmal) in einer Befehlszeile auftritt. Bei *%?Abk.* darf *Abk.* irgendwo in der Befehlszeile auftreten. Die Shellvariable `$auto_resume` steuert, wie die Builtins Zeichenketten interpretieren: `exact` verlangt die exakte Übereinstimmung der *Abk.* mit der Befehlszeile, `substring` benötigt nur eine partielle Übereinstimmung.

Folgende eingebaute Befehle stellt die Bash für die Jobverwaltung zur Verfügung:

- `bg` (S. 93) zur Prozessverlagerung in den Hintergrund.
- `fg` (S. 106) zur Prozessverlagerung in den Vordergrund.
- `jobs` (S. 110) listet Jobs auf.
- `kill` (S. 111) sendet Signale an Jobs.
- `wait` (S. 130) wartet auf die Beendigung von Jobs.
- `disown` (S. 103) entfernt Jobs aus der Tabelle oder immunisiert sie gegen SIGHUP.
- `suspend` (S. 122) friert Shell ein, bis das Signal SIGCONT eintrifft.

Beim Logout sendet die Bash automatisch das Signal SIGHUP an Hintergrundprozesse, die daraufhin terminieren. Um dies zu verhindern, lassen sich die gewünschten Jobs durch `disown` so markieren, dass sie das Signal nicht erhalten (und daher weiterlaufen können).

Neu ab der Bash Version 4.0 ist die Shelloption `checkjobs`, die noch vorhandene Job beim `exit` (S. 105) anzeigt.

Ebenfalls neu sind ab Version 4.0 die so genannten Koprozesse.

Koprozesse (»Coprocesses«)

Die neu in der Version 4 hinzugekommenen Koprozesse sind asynchron in Subshells ausgeführte Befehle, denen das Schlüsselwort `coproc` vorangestellt wurde. Sie ähneln den Hintergrundprozessen (durch angefügtes &), verfügen aber über eine bidirektionale Verbindung zur kontrollierenden Shell bzw. dem Terminal.

`coproc` Name *Befehl* Redirections

Durch den optionalen *Namen* (voreingestellt, wenn die Angabe fehlt, ist er `COPROC`) lassen sich Koprozesse benennen, was bei einfachen Befehlen nicht sinnvoll ist. `wait` (S. 130) kann auf Koprozesse warten. Der`coproc` übernimmt den Rückgabewert des ausgeführten *Befehls*.

`coproc` erzeugt ein (Verwaltungs-) Array, mit dem *Namen* und verbindet die Standardein- und Ausgabe mit der aufrufenden Shell. Die PID des Koprozesses ist in dem Array als `$NAME_PID` abrufbar.

Anmerkung: Neu ab Version 4.0 ist das Verhalten der Bash, wenn ihr das Anlegen von Prozessen mangels Systemressourcen nicht gelingt: Nun versucht sie das mehrfach, bevor sie einen Fehler meldet.

Spezielle Bash-Modi

Die Bash verfügt über eine Reihe spezieller Modi, in denen das Verhalten teilweise erheblich von den Voreinstellungen abweicht.

POSIX-Modus

Die Befehlszeilenoption `--posix` bzw. der Befehl `set -o posix` aktivieren einen (weitgehend) POSIX-kompatiblen Modus der Bash. Der Start einer Bash unter dem Programmnamen `sh` hat eine ähnliche Wirkung: Nach dem Einlesen der Konfigurationsdateien wechselt die Shell in den POSIX-Modus. Folgende Unterschiede zum »normalen« Verhalten der Bash bestehen:

Prozessersetzungen sind nicht möglich.

Existieren im Path-Hash gespeicherte Befehle nicht mehr, sucht die Bash sie automatisch erneut entlang der `$PATH`-Inhalte. Dies entspricht der Option `checkhash`. `.` bzw. `source` (S. 92) suchen nicht im aktuellen Verzeichnis nach Skripten, wenn `$PATH` dies nicht enthält.

Das Ende von Hintergrundprozessen mit Rückgabewerten ungleich Null zeigt die Bash durch `Done(`*Status*`)` an. Analog erfolgt die Meldung für durch Signale angehaltene Hintergrundprozesse: `Stopped(`*Signalname*`)`.

`bg` (S. 93) benötigt eine eindeutige Jobbeschreibung, um Prozesse in den Hintergrund zu verlagern. Relative Bezüge (auf den aktuellen oder vorigen Job) sind nicht möglich.

Alias-Expandierungen erfolgen auch in nicht interaktiven Shells. Reservierte Wörter, die in einem entsprechenden (gültigen) Kontext erscheinen, unterzieht die Bash keiner Alias-Expandierung.

In den Promptvariablen $PS1 (S. 23) und $PS2 referenziert ! die Historynummer und !! ein Ausrufezeichen. Unabhängig von der Shelloption promptvars erfolgen Parameterersetzungen in diesen Variablen.

Beim Start eingelesene Konfigurationsdateien bestimmt nur der Inhalt von $ENV (S. 72).

Tildenersetzungen erfolgen nur in lokalen Zuweisungen (vor einem Befehlsaufruf).

Als Historydatei voreingestellt ist ~/.sh_history (entspricht der Voreinstellung in $HISTFILE).

kill -l erzeugt eine einzeilige, durch Leerzeichen getrennte Ausgabe der Signalnamen (ohne SIG). Signalnamen akzeptiert kill nur ohne SIG. Gleiches gilt für trap (S. 126). trap überprüft nur, ob das erste Argument ein Signal bezeichnet, wenn es Ziffern enthält. Zum Zurücksetzen der Traps muss (als erstes Argument) - angegeben werden.

Interaktive Shells terminieren, falls eine bei . *Skript* angegebene Datei nicht existiert oder falls syntaktische Fehler in arithmetischen Ausdrücken auftreten. Gleiches gilt für Variablenzuweisungen, denen kein Befehlsaufruf folgt, oder falls die Laufvariablen von for (S. 106) oder case (S. 96) schreibgeschützt sind.

Redirection-Operatoren führen in ihrem Argument nur in interaktiven Shells Dateinamenexpandierungen und Wortersetzungen durch.

Funktionsnamen dürfen nur aus Buchstaben, dem Unterstrich und Ziffern (nicht als erstes Zeichen) bestehen. Fehler bei den Namen beenden nicht interaktive Shells.

Spezielle POSIX Builtins findet die Bash vor gleichnamigen Funktionen. Rückgabewerte ungleich Null (wegen unzulässiger Optionen/Argumente, Redirections, Variablenzuweisungen) dieser Builtins lassen nicht interaktive Shells terminieren. Variablenzuweisungen vor diesen bleiben im aktuellen Environment erhalten.

Falls $CDPATH (S. 70) gesetzt ist, hängt die Bash das aktuelle Verzeichnis nicht automatisch an das Ende.

Falls cd (S. 96) im logischen Modus aus $PWD einen ungültigen Pfad erzeugt, erzeugt dies einen Fehler und aktiviert nicht den physikalischen Modus. pwd (S. 113) setzt mit <P> Pfade in $PWD zurück, die symbolische Links enthalten. pwd überprüft immer, ob die Ausgabe mit dem aktuellen Verzeichnis übereinstimmt. Die neue Shelloption autocd vereinfacht den Verzeichniswechsel.

export (S. 105) und readonly (S. 115) zeigen ihre Ausgaben POSIX-kompatibel an.

Subshells, die zum Ausführen von Befehlsersetzungen starten, erben mit -e übergebene Optionen; in anderen Modi löscht die Bash diese.

Ohne -p zeigt alias (S. 93) Definitionen in einem nicht wiederverwendbaren Format.

set (S. 116) zeigt ohne Optionen keine Funktionen und Variablenwerte stehen nicht zwischen Hochkommata, sofern sie keine (Shell-)Metazeichen enthalten.

fc (S. 105) zeigt bei der Ausgabe von Historyzeilen nicht an, ob diese verändert wurden. Als Editor ist ed voreingestellt.

type (S. 127) und command (S. 97) warnen nicht, wenn sie nicht-ausführbare Files finden, die die Bash auszuführen versucht, falls $PATH keine Alternative bietet.

In »vi«-Editiermodus startet [v] direkt vi, anstatt $FCEDIT und $EDITOR auszuwerten.

Mit aktivierter Shelloption xpg_echo versucht die Bash nicht, Argumente als Optionen zu interpretieren; Ausgaben erfolgen nach Umsetzung von Escape-Sequenzen.

Folgende POSIX-Features aktiviert die Bash auch im POSIX-Modus nicht:

fc prüft nicht, ob $EDITOR einen Editor enthält, falls $FCEDIT ungesetzt ist, sondern startet ed.

Ohne die Shelloption xpg_echo arbeitet echo nicht POSIX-kompatibel, sofern die Bash nicht mit --enable-strict-posix-default gestartet wurde.

Eingeschränkter Shellmodus: restricted shell

Der eingeschränkte Modus erlaubt Anwendern nur eine Verwendung einiger weniger Bash-Features, was oft die Arbeit in einem unsicheren Umfeld noch ermöglicht. Alles, was eventuell zu Sicherheitsproblemen führen kann, ist deaktiviert.

Die Bash startet in diesem speziellen Modus beim Aufruf unter dem Namen `rbash` oder mit der Befehlszeilenoption `-r` bzw. `--restricted`. Diese Features sperrt die Bash dann:

- Den Verzeichniswechsel mit `cd` (S. 96).
- Setzen oder Löschen der Umgebungsvariablen $SHELL (S. 75), $PATH (S. 70), $ENV (S. 72) und $BASH_ENV (S. 72).
- Das Ausführen von externen Befehlen (Pfade mit einem Slash).
- Das Ausführen von Skripten (Pfade mit einem Slash) durch `.` bzw. `source` (S. 92).
- Pfade mit einem Slash als Argumente von `-p` bei `hash` (S. 108).
- Den Import von Funktionen aus dem Eltern-Environment beim Start.
- Die Auswertung von $SHELLOPTS (S. 75) beim Start.
- Die Umleitung von Ausgaben durch `>`, `>|`, `<>`, `>&`, `&>` und `>>`.
- Das Ersetzen der Shell durch ein anderes Programm mittels `exec` (S. 105).
- Hinzufügen oder Anschalten eingebauter Befehle mittels `enable` (S. 104) durch die Optionen `-f` oder `-r`.
- Verwendung der Option `-p` bei `builtin` (S. 95).
- Zurücksetzen des *restricted mode* durch `set` (S. 116).

Den eingeschränkten Modus aktiviert die Bash erst *nach dem Ausführen der Startup-Files*. Falls die `rbash` ein Shellskript auszuführen hat, startet dessen Shell ohne Einschränkungen.

Privilegierter Modus

`set -p` aktiviert diesen Modus. Die Umgebungsvariablen $ENV und $BASH_ENV ignoriert die Shell, ebenso wie $SHELLOPTS und (neu ab Version 4.0) $CDPATH und $GLOBIGNORE. Funktionen erbt sie nicht aus dem Environment. Ohne die Befehlszeilenoption -p setzt die Bash die effektive UID auf den Wert der realen UID, mit dieser Option bleibt sie unverändert.

Interaktiver Modus

Eine Shell, die ohne Argumente (die keine Optionen sind) und ohne die Befehlszeilenoption -s und -c startet, aktiviert die Bash interaktiv. Standardein- und -ausgabekanal werden dann automatisch mit dem kontrollierenden Terminal verbunden. Gleiches gilt bei Verwendung der Befehlszeilenoption -i. Als Konfigurationsdatei lesen interaktive Shells immer ~/.bashrc ein, siehe Abschnitt *Startup-Files* (S. 14). Der interaktive Modus lässt sich am besten durch Auswertung der Variablen $- erkennen. Enthält diese ein »i«, ist die Bash interaktive, sonst nicht. Empfohlen wird dieser Code:

```
case "$-" in
*i*) echo This shell is interactive ;;
*) echo This shell is not interactive ;;
esac
```

Anmerkung: Die ebenfalls oft verwendete Auswertung der Prompt-variablen $PS1 ist weniger sicher, da es möglich ist, sie mit unset (S. 129) zu löschen.

Login-Shell

Shells, deren Null-Argument ($0) als erstes Zeichen ein - enthält oder die mit der Befehlszeilenoptionen --login gestartet werden, aktiviert die Bash als Login-Shell. Dies führt zum Einlesen und zur Auswertung der ersten, der folgenden gefundenen Konfigurationsdateien: /etc/profile, ~/.bash_profile, ~/.bash_login oder ~/.profile.

Subshells

Von eine Shell gestartete Shells werden als *Subshells* bezeichnet. In Skripten handelt es sich dabei normalerweise um nicht interaktive Shells. Von der Befehlszeile lassen sich natürlich auch normale, interaktive Shells (mit der Befehlszeilenoption -l auch Login-Shells) starten. Der Shelllevel ($SHLVL) ist stets um 1 größer als derjenige der Elternshell.

Elternshells vererben exportierbare Variablen und Funktionen an Subshells. Aus Subshells lassen sich Variablen (und Funktionen) nur über in der Elternshell mittels source (S. 92) ausgeführte Skripten exportieren.

Anmerkung: Neu ab Version 4.0 ist das Verhalten der Bash, wenn ihr das Anlegen von Prozessen mangels Systemressourcen nicht gelingt: Nun versucht sie das mehrfach, bevor sie einen Fehler meldet.

Eingebaute Befehle: Builtins und Reserved Words

Ein wichtiges Merkmal der Bash sind die *Builtins* (eingebaute Befehle), die wichtige Funktionen wie History, Jobs usw. steuern. Einige davon lassen sich nur in dieser Form vernünftig realisieren. In Shellskripten finden sie meistens aus Effektivitätsgründen bevorzugt Anwendung.

Reserved Words sind überwiegend Kontrollstrukturen und keine eingebauten Befehle im eigentlichen Sinn, lassen sich aber ähnlich (analog zu Operatoren) einsetzen; folgende kennt die Bash:

! – (Negation), [,] – test (S. 123), [[,]] – (Bash test), {, } (Gruppen, Blöcke), und if (S. 110), then (S. 110), do (S. 106), elif (S. 110), else (S. 110), fi (S. 110), for (S. 106), in (S. 96), done (S. 106), select (S. 115), until (S. 130), while (S. 130) case (S. 96), esac (S. 96), sowie function (S. 65) und time (S. 125). Neu ab der Version 4.0 ist coproc (S. 82).

Spezielle Builtins

Eine Reihe von eingebauten Befehlen wird (aus historischen Gründen) als »speziell« bezeichnet und von der Bash im POSIX-Modus bevorzugt. In diesem Modus »findet« die Shell sie vor gleichnamigen Funktionen, nicht interaktive Shells terminieren bei Fehlern von ihnen, und Variablenzuweisungen vor diesen übernimmt die Shell in das Environment. Diese sind die speziellen Builtins:

- `:` (S. 92) (keine Aktion)
- `.` (S. 92) oder `source` (ausführen von Skripten)
- `continue` (S. 101) (neuen Schleifendurchlauf starten)
- `eval` (S. 104) (Befehlszeile expandieren und dann ausführen)
- `exec` (S. 105) (Shell ersetzen)
- `exit` (S. 105) (terminieren)
- `export` (S. 105) (Variablen/Funktionen exportieren)
- `readonly` (S. 115) (Variablen/Funktionen schützen)
- `return` (S. 115) (Funktion verlassen)
- `set` (S. 116) (Einstellungen anzeigen/vornehmen)
- `shift` (S. 119) (Positionsparameter rotieren)
- `trap` (S. 126) (Signal abfangen)
- `unset` (S. 129) (Variablen/Funktionen löschen)

Schleifen und Kontrollstrukturen

Beide Konstruktionen beginnen mit einem reservierten Wort (oder Operator), gefolgt von einer Bedingung (*Ausdruck*) und einem Befehlsteil, der bei Erfüllung der Bedingung ausgeführt wird. Optional lassen sich andere Befehle bei unwahren Ausdrücken ausführen. Ein weiteres Schlüsselwort beendet die Konstruktion.

Schleifen

- `for` (S. 106): Abarbeiten einer Liste von Elementen

  `for` *Variable* `in` *Liste* `;` `do` *Befehle* `;` `done`

  oder eines komplexen Ausdrucks.

  `for` `((` *Ausdruck1* `;` *Ausdruck2* `;` *Ausdruck3* `))` `;`
          `do` *Befehle* `;` `done`
- `until` (S. 130): Ausführen, solange eine Bedingung *falsch* (unwahr) ist.
- `while` (S. 130): Ausführen, solange eine Bedingung *wahr* ist.

Kontrollstrukturen

- if (S. 110): Ausführen, abhängig von einer Bedingung:

  ```
  if Test-Befehle ; then
      Befehle für wahr ;
  elif weitere Test-Befehle ; then
      weitere Befehle für wahr ;
  else Befehle für unwahr ;
  fi
  ```

- case (S. 96): Ausführen abhängig von einem Variablenwert.

  ```
  case Test in
      [(] Muster1 [| Muster2 ]...) Befehle für wahr ;;...
  ...
  esac
  ```

  Neu ab Bash Version 4.0 sind die Begrenzer ;& und ;;&.

- select (S. 115): Für einfache Menüs.

  ```
  select Variable in Liste ...; do
          Befehle ;
  done
  ```

- ((Ausdruck)): arithmetische Auswertung. Dies entspricht let (S. 111) mit dem Argument *Ausdruck*. Den Rückgabewert Null erzeugt die Bash nur, wenn der arithmetische Ausdruck – siehe Abschnitt *Arithmetische Ausdrücke* (S. 50) – *ungleich Null* ist. Ab Version 4.1 beeinflusst set -e das Verhalten, bei Subshells, Pipelines, Befehlsgruppen innerhalb geschweiften Klammern, ERR-Traps werden berücksichtigt.

- [[Ausdruck]]: logische Auswertung; entspricht in vielerlei Hinsicht test (S. 123), allerdings ohne dass im *Ausdruck* Worttrennungen und Dateinamenexpandierungen erfolgen (was oft unerwünscht ist). Andere Expandierungen (Tilden-, arithmetische, Befehls- und Prozessersetzungen sowie das Entfernen überflüssiger Quotes) führt die Bash aber durch. Test-Optionen (siehe Tabelle 8 auf Seite 124) dürfen nicht maskiert sein, damit sie die Bash erkennt, (rechtsseitige) Argumente von == (Gleichheit) und != (Ungleichheit) unterliegen dem Patternmatching. nocasematch (Shelloption) regelt, ob die Bash Groß-/Kleinschreibung unterscheidet.

Der Operator =~ nutzt $BASH_REMATCH (S. 71) und hat die gleiche Priorität wie == und !=, wertet aber (als derzeit einziger der Bash) einen regulären Ausdruck aus, andere Vergleiche nutzen Dateinamenmuster.

[[...]] erzeugt Rückgabewerte von Null bei erfolgreichen Vergleichen, sonst von 1; Syntaxfehler erzeugen 2. Ab Version 4.1 beeinflusst set -e das Verhalten, analog zu ((...)).

Neu ist, dass die Operatoren »<« und »>« landessprachliche Einstellungen berücksichtigen. Ebenfalls neu: Die Shelloption extglob, siehe Abschnitt *Erweiterte Dateinamenmuster* (S. 54), wird bei den Operatoren »==« und »!=« temporär aktiviert.

Mehrere *Ausdrücke* lassen sich in den Bedingungen logisch verknüpfen und kombinieren:

- (*Ausdruck*): Dies gibt den Wert des *Ausdrucks* zurück.

- !*Ausdruck*: Dies invertiert den Wert des *Ausdrucks*.

- *Ausdruck1* && *Ausdruck2*: Dies ergibt nur dann Null, wenn beide *Ausdrücke* wahr (Null) sind. Nur bei Erfolg von *Ausdruck1* wertet die Bash *Ausdruck2* aus.

- *Ausdruck1* || *Ausdruck2*: Dies ergibt Null, wenn einer der *Ausdrücke* wahr ist. Nur bei Nicht-Erfolg von *Ausdruck1* wertet die Bash *Ausdruck2* aus.

Eingebaute Befehle, alphabetisch sortiert

: *Argument* ...

Dies ist ein Dummy-Befehl, der zwar die Expandierung der Befehlszeile bewirkt, aber keine direkten Aktionen durchführt. Er gibt immer Null zurück, weshalb er manchmal in Kontrollstrukturen anstelle von true auftritt.

. *Skript* *Argument* ... oder source *Skript* *Argument* ...

Die Bash liest das angegebene *Skript* ein und führt es im aktuellen Environment aus. Eventuelle *Argumente* werden dabei als Positionsparameter übergeben; fehlen sie, bleiben vorher gesetzte Parameter *unverändert*.

Enthält *Skript* keinen Slash, sucht die Bash das Skript gemäß den $PATH-Angaben, analog zu »normalen« Befehlen. Die Shelloption `sourcepath` steuert dies. Außer im POSIX-Modus (siehe Seite 83) sucht die Bash bei Misserfolg auch im aktuellen Verzeichnis nach einer entsprechenden Datei. Mittels `.` oder `source` ausgeführte Skripten müssen über keine `x`-Permissions verfügen.

Der letzte im Skript ausgeführte Befehl oder ein an `exit` (S. 105) übergebener Wert bestimmen den Rückgabewert des Skripts. Null wird zurückgegeben falls keine Befehle ausgeführt wurden, Werte ungleich Null, falls das Skript nicht gefunden wurde oder nicht lesbar war.

Eine Neuerung bietet die Bash in der Version 4.1: Vor dem Ausführen der angegebenen Datei entfernt die Bash dort vorhandene NULL-Bytes.

alias -p *Name*[*=Befehl*] ...

Dieser eingebaute Befehl zeigt und definiert Alias-Konstrukte. Die Bash expandiert *Name* durch *Befehl*, sofern sie in der Befehlszeile an Positionen stehen, an denen Befehle zulässig sind.

Ohne Argumente oder mit der Option -p listet `alias` alle bestehenden Alias-Definitionen auf; Argumente in der Form *Aliasname=Definition* erzeugen neue. Ein Leerzeichen am Ende der Definition bewirkt, dass die Bash auch für das folgende Wort überprüft, ob es einen Alias darstellt. *Definition*, kann *keine Positionsparameter* enthalten. Fehlt *Definition*, erzeugt die Bash eine leere (wirkungslose) Definition. Der Rückgabewert ist Null, sofern nicht versucht wird, ungültige Alias-Definitionen aufzulisten.

`unalias` (S. 129) löscht Alias-Definitionen.

bg *Job* ...

`bg` führt den durch *Job* definierten (voreingestellt: den letzten) Prozess im Hintergrund aus, analog zu & in der Befehlszeile. Der Rückgabewert ist Null, sofern die Jobkontrolle aktiv ist und *Job* einen vorhandenen Prozess beschreibt. Siehe auch Seite auf Seite 80.

bind -m *Keymap Option...*

Die Readline-Library erlaubt weitgehende Konfigurationen. So ist es möglich, beliebige Tasten mit beliebigen (Readline-) Funktionen, Zeichenketten, Makros und anderem zu belegen. bind konfiguriert dies (bindet Funktionen an Tasten). Dabei unterscheidet Readline mehrere, umschaltbare Keymaps. Die Syntax für Bindungen ist etwas eigentümlich, da sie in *einem Argument* stehen muss, in der Tastencodes maskiert werden:

```
bind '"\C-x\C-r":  re-read-init-file'
```

\C steht für die [Ctrl]-Taste, andere Sondertasten haben entsprechende Kürzel. re-read-init-file ist die an die Tasten gebundene Readline-Funktion, die Konfigurationsdateien erneut einliest.

Alle Bindungen (und Variablen) lassen sich in der Konfigurationsdatei ~/.inputenc voreinstellen, bind erlaubt interaktive Veränderungen zur Laufzeit. Folgende Optionen steuern dies:

-m *Keymap* wählt die gewünschte Keymap aus; folgende kennt Readline: emacs (Voreinstellung, analog zu emacs-standard), emacs-meta, emacs-ctlx, vi (entspricht vi-command) vi-move, vi-insert. In verschiedenen Keymaps können gleiche Tasten mit unterschiedlichen Funktionen gebunden werden. Readline schaltet Keymaps bei Bedarf um und verwendet ohne -m für Einstellungen die aktuelle.

-l zeigt eine Liste aller verfügbarer Readline-Funktionen (> 150).

-P zeigt aktuelle Bindungen. -p zeigt aktuelle Bindungen in einem wiederverwendbaren Format.

-V zeigt die aktuellen Werte der Readline-Variablen, -v gibt dies in einem wiederverwendbaren Format aus.

-S zeigt momentan gebundene Strings an, -s in einem wiederverwendbaren Format.

-f *Konfigurationsdatei* lädt die Konfigurationsdatei.

-q *Funktion* zeigt alle Tasten, die diese Funktionen aufrufen.

-u *Funktion* löscht alle Tastenbindungen für diese Funktionen.

-r *Taste* löscht alle Bindungen für die Taste.

-x '"*Taste*": *Befehlszeile*' bindet eine *Befehlszeile* an die angegebenen *Tasten*. Da jede Betätigung von *Taste* diese Befehlszeile nun ausführt, ist hier Vorsicht geboten.

Ab der Bash Version 4.0 hat diese Option weitreichende Auswirkungen: Sie setzt im Environment zwei neue Variablen `$READLINE_POINT` und `$READLINE_LINE_BUFFER`, die es dem Befehl erlauben, direkten Einfluss auf die Readline-Funktionen zu nehmen.

Ausgaben erfolgen auf dem Standardausgabekanal; der Rückgabewert ist Null, sofern keine unzulässigen Optionen oder Fehler in den Argumenten auftreten.

break *Level*

Innerhalb von Schleifen des Typs `for` (S. 106), `while` (S. 130), `until` (S. 130) und `select` (S. 115) erzwingt `break` den Rücksprung um *Level* Ebenen (voreingestellt: 1); Werte größer als die aktuelle Verschachtelungstiefe lässt `break` alle Ebenen verlassen. Der Versuch, `break` außerhalb einer Schleife aufzurufen, führt zu Rückgabewerten ungleich Null.

builtin *eingebauter Befehl* *Argumente*

`builtin` führt einen *eingebauten Befehl* aus, dem die *Argumente* übergeben werden. `builtin` ist sinnvoll, um sicherzustellen, dass die Bash keine gleichnamige Funktion anstelle des Befehls aufruft. Rückgabewerte ungleich Null entstehen bei dem Versuch, nicht eingebaute Befehle aufzurufen.

caller *Ausdruck*

Zeigt den Kontext aktiver Subroutinenaufrufe, also von Funktionen oder mit `source` (S. 92) bzw. `.` ausgeführten Shellskripts.

Ohne *Ausdruck* zeigt `caller` Zeilennummer und Namen des Shellskripts; nicht negative *Ausdrücke* fügen noch den Namen der Funktion und die Position im Execution Stack hinzu. Der Rückgabewert ist Null, solange `caller` in einer Subroutine aufgerufen wird.

`dbg-support.tests` im Verzeichnis `tests` zeigt die Anwendung.

case *Ausdruck* **in** [(] *Muster1* [| *Muster2*]...) *WAHR-Befehle* ;;... **esac**

case wertet einen *Ausdruck* (oft eine Variable) aus, und führt entsprechend den *Mustern* die zum ersten Treffer angegebenen *WAHR-Befehle* aus. Für jedes *Muster* (| verbindet mehrere *Muster*) lassen sich mehrere *WAHR-Befehle* angeben, ;; beendet einen derartigen Zweig. Üblicherweise enthält der letzte Zweig den Joker *, der alle vorher unbearbeiteten Muster abdeckt. esac beendet die Schleife.

Neu sind ab der Bash Version 4.0 die Begrenzer ;& und ;;&. Der erste veranlasst die Bash, auch die »WAHR-Befehle« für das folgende Muster in der Liste auszuführen: (Beispiel aus case.tests)

```
case foo in
bar)    echo skip ;;
foo)    echo fallthrough ;&              fallthrough
bax)    echo to here ;&      erzeugt:    to here
qux)    echo and here;;                  and here
fop)    echo but not here;;
esac
```

Das zweite Begrenzer bewirkt, dass die Shell das in der Liste folgende Muster nach Ausführen der »WAHR-Befehle« ebenfalls überprüft:

```
case foobar in
bar)    echo skip ;;
foo*)   echo retest ;;&       erzeugt:    retest
*bar)   echo and match ;;&                and match
qux)    echo but not this ;;
esac
```

cd -L|-P [*Verzeichnis*]

Das aktuelle Verzeichnis wechselt cd nach *Verzeichnis* (ohne Angabe erfolgt der Wechsel in das in $HOME definierte Verzeichnis). Die Shellvariable $CDPATH kann mehrere durch Doppelpunkte getrennte Verzeichniseinträge enthalten, die cd als Suchpfade interpretiert (. oder :: interpretiert cd als aktuelles Verzeichnis). Beginnt *Verzeichnis* mit einem Slash, wertet cd $CDPATH nicht aus.

Neu ist ab der Version 4.0 die Shelloption `autocd`, die den direkte Wechsel in das anstelle eines Befehls angegebene Verzeichnis erlaubt.

Ebenfalls neu ist, dass die Bash im privilegierten Modus `$CDPATH` und `$GLOBIGNORE` ignoriert.

Die Option `-P` lässt `cd` *Verzeichnis* als physikalischen Pfad interpretieren (ignoriert symbolische Links), `-L` verfolgt im Argument enthaltene symbolische Links. `-` bewirkt den Wechsel in das durch `$OLDPWD` definierte Verzeichnis. `cd` zeigt Verzeichniswechsel mittels `-` oder `$CDPATH` an, Rückgabewerte gleich Null zeigen den erfolgten Wechsel an.

command -pVv *Befehl* *Argumente*

Ähnlich wie `builtin` (S. 95) setzt `command` die normalen Algorithmen für die Befehlssuche außer Kraft. *Befehl* wird nur als eingebauter oder externer Befehl (in `$PATH`) ausgeführt, auch wenn es eine gleichnamige Funktion gibt. Die Option `-p` setzt `$PATH` auf einen voreingestellten Wert, so dass die Bash Standardbefehle bevorzugt ausführt.

Die Optionen `-V` und `-v` (Kurzform) zeigen Beschreibungen (Pfade) zu *Befehl* an und terminieren mit einem Rückgabewert von Null, sofern *Befehl* gefunden wurde. `127` zeigt an, dass *Befehl* nicht gefunden wurde oder ein Fehler auftrat. Ausgeführte *Befehle* erzeugen ihre eigenen Rückgabewerte.

compgen *complete-Option* *Wort*

`compgen` zeigt durch *complete-Option* gesteuert mögliche Komplettierungen von *Wort*, wie dies automatisch durch `complete` (S. 98) geschieht (ohne die Optionen `-p` und `-r`), auf dem Standardausgabekanal. *Wort* wird komplettiert. Falsche Optionen oder keine bzw. das Fehlen von Treffern führen zu Rückgabewerten ungleich Null. Einige durch die Komplettierungsfunktionen gesetzte Variablen haben zusammen mit den Optionen `-F` oder `-C` keine sinnvollen Werte.

complete -abcdefgjksuv] [-o *complete-Option*] [-A *Aktion*]
[-G *Muster*] [-W *wordlist*] [-P *Präfix*] [-S *Suffix*] [-X
Filtermuster] [-F *Funktion*] [-C *Command* **Name** *Name* ...
oder complete -pr *Name* ...

Dieser eingebaute Befehl steuert alle Aspekte automatischer Komplettierungen. Ohne Optionen oder mit -p zeigt complete momentan aktive Komplettierungen in einem wiederverwendbaren Format an. -r löscht bestehende Komplettierungen für den angegebenen *Namen*, und aller, wenn dieser fehlt.

Argumente (bzw. in ihnen enthaltene Metazeichen) der Optionen sollten maskiert sein, um vorzeitige Expandierungen zu vermeiden. Viele Optionen lassen sich sowohl als Langoptionen (als Argumente von -o, -A und -C) als auch durch Kurzformen angeben. -o steuert die grundlegenden Features. Dies sind die Argumente von -o:

- bashdefault: Falls keine Komplettierungen erfolgen, versucht die Bash, voreingestellte Komplettierungen auszuführen.

- default: Falls keine Komplettierungen erfolgen, versucht die Bash, mittels Readline Dateinamen zu komplettieren.

- dirnames: Versucht Verzeichnisnamen zu komplettieren, falls es keine anderen Treffer gab.

- filenames: Veranlasst Readline, Dateinamen zu komplettieren, um weitergehende Komplettierungen zu ermöglichen.

- nospace: Verhindert, dass Readline das voreingestellt am Ende einer Komplettierung eingefügte Leerzeichen auch am Zeilenende ausgibt.

- plusdir: Führt Komplettierungen für Verzeichnisnamen durch, auch nachdem andere Komplettierungen schon erfolgt sind.

-A definiert eine *Aktion*, um Namen für Komplettierungen zu erzeugen. Diese Aktionen sind möglich:

- alias: Für die Komplettierung von Alias-Definitionen; Kurzform dieser Option ist -a.

- arrayvar: Für die Komplettierung von Array-Variablen.

- binding: Für die Komplettierung von Readline-Bindungen.

- builtin: Für die Komplettierung von Builtins, Kurzform: -b.

- `command`: Für die Komplettierung von Befehlsnamen, kurz: `-c`.

- `directory`: Für die Komplettierung von Verzeichnisnamen, Kurzform: `-d`.

- `disabled`: Für die Komplettierung von deaktivierten Builtins.

- `enabled`: Für die Komplettierung von aktiven Builtins.

- `export`: Für die Komplettierung von Umgebungsvariablen, Kurzform: `-e`.

- `file`: Für die Komplettierung von Dateinamen, Kurzform: `-f`.

- `function`: Für die Komplettierung von Funktionen.

- `group`: Für die Komplettierung von Gruppennamen, kurz: `-g`.

- `helptopic`: Für die Komplettierung von `help`-Stichwörtern.

- `hostname`: Für die Komplettierung von Hostnamen, wie sie die Umgebungsvariable `$HOSTFILE` enthält.

- `job`: Für die Komplettierung von Jobnamen, Kurzform: `-j`.

- `keyword`: Für die Komplettierung von Schlüsselwörtern der Shell, Kurzform: `-k`.

- `running`: Für die Komplettierung laufender Jobs.

- `services`: Für die Komplettierung von Servicenamen, Kurzform: `-s`.

- `setopt`: Für die Komplettierung (mit `-o`) von `set`-Optionen.

- `shopt`: Für die Komplettierung von `shopt`-Optionen.

- `signals`: Für die Komplettierung von Signalnamen.

- `stopped`: Für die Komplettierung angehaltener Jobs.

- `user`: Für die Komplettierung von Usernamen, Kurzform: `-u`.

- `variable`: Für die Komplettierung von Shellvariablen, Kurzform: `-v`.

Beispiele:
```
complete -v unset
complete -o filenames -o nospace -F _cd cd
```

-G *Muster* Dies definiert ein Muster für Dateinamen, die zur Komplettierung verwendet werden.

-W *Wortliste* Anhand der $IFS-Zeichen splittet die Bash die *Wortliste* in Teile, die wiederum Expandierungen unterliegen und für Komplettierungen zur Verfügung stehen.

-C *Command* Die Bash führt *Command* in einer Subshell aus und verwendet die Ausgaben für Komplettierungen.

-F *Funktion* führt `function` im aktuellen Environment aus und verwendet die Elemente des `$COMPREPLY`-Arrays für Komplettierungen.

-X *Filtermuster Filtermuster* kann ein Muster wie für Dateinamen enthalten. Dieses wird auf die durch andere Optionen erzeugten Komplettierungen angewendet, und Treffer werden entfernt, bevor der Rest für Komplettierungen zur Verfügung steht. Ein führendes ! im Muster invertiert das Muster; alles, was dem Muster *nicht* entspricht, entfernt die Bash vor Komplettierungen.

-P *Präfix* Die Bash fügt das in Argument definierte Präfix vorne vor alle durch andere Optionen erzeugten Komplettierungen an.

-S *Suffix*, wie -P, hängt das *Suffix hinter* die Komplettierungen.

-E: Die ab Version 4.0 zur Verfügung stehende Option erlaubt die Definition einer voreingestellten Komplettierung für *leere* Befehlszeilen.

Neu ab der Bash Version 4.1 ist die Möglichkeit, standardmäßige (»default«) Komplettierungen mit der Option -D anzugeben. Die Bash nutz diese, wenn für den Befehl keine Komplettierung definiert ist.

Der Rückgabewert von `complete` ist Null, sofern keine ungültigen Optionen vorhanden sind, und nicht mit -r versucht wird, undefinierte Komplettierungen zu löschen, oder Komplettierungsfehler auftreten.

Anmerkung: Unter *www.caliban.org/bash* werden in dem Projekt »bash-completion« Komplettierungen für die Bash gesammelt und verteilt. Diese sind teilweise recht komplex und verwenden eine Reihe von Funktionen, um Komplettierungen zu generieren. Sie eigenen sich aber gut als Muster für eigene Entwicklungen.

Neu ab Version 4.1: In Zeilen der Form `a $(b c.` verwendet die Komplettierung »b« anstelle von »a«.

compopt -o|+o *Option Name* ...

Dieser erst ab Bash-Version 4.0 verfügbare Befehl erlaubt bestehende Optionen für Komplettierungen zu modifizieren. Er verwendet die gleichen Optionen wie complete (S. 98).

-o *Option* setzt für alle die durch *Name* bezeichneten Komplettierungen die angegebenen *Optionen*, +o *Option* löscht sie. Ohne *Name* modifiziert compopt die derzeit aktive Komplettierung.

Der Rückgabewert ist Null, sofern keine ungültige *Option* abgegeben wurde, oder *Name* diese nicht kennt bzw. nicht komplettieren kann.

continue *Level*

continue beginnt einen neuen Durchlauf in Schleifen vom Typ for (S. 106), while (S. 130), until (S. 130) oder select (S. 115) und ist nur innerhalb dieser Strukturen sinnvoll. Meistens erfolgt der Aufruf nach einem Test (*short circuit*) oder durch if (S. 110). *Level* definiert die Ebene (Verschachtelungstiefe) der fortzusetzenden Schleife. Voreingestellt ist die äußerste Ebene (Level Null).

declare -afFirtx -p *Name*[=*Wert*] ...

Bash-Variablen werden, sofern die Bash sie nicht bei der ersten Zuweisung automatisch erzeugt, durch declare »deklariert«. Dann lassen sich ihnen (durch Optionen) bestimmte Attribute mitgeben.

Ohne Option oder mit -p(rint) listet declare alle bestehenden Variablen mit ihren Werten und alle Funktionen mit ihren Definitionen auf. Bei Angabe von -p ignoriert declare andere Optionen.

```
declare -p
...
declare -- BASH="/usr/local/bin/bash4"
declare -A BASH_ALIASES='()'
declare -a BASH_ARGC='()'
declare -r BASH_COMPLETION="/etc/bash_completion"
declare -ar BASH_VERSINFO='([0]="4" [1]="0" [2]="0" [3]...
declare -x DESKTOP_SESSION="gnome"
declare -i HISTCMD=""
...
```

Die Option -x markiert Variablen und Funktionen als exportierbar, so dass die Bash sie in das Environment neuer Befehle/Shells übernimmt.

Die folgenden Optionen aktivieren mit - ein Feature, durch + lässt es sich bei Bedarf deaktivieren (Ausnahme sind Arrays, die die Bash durch +a nicht zerstört).

-a beschränkt die Ausgaben auf Arrays, -i auf Integer (Ganzzahlvariablen), -r auf schreibgeschützte Variablen (deren Inhalt sich nicht ändern lässt und die unset nicht löscht) bzw. erzeugt entsprechende Umgebungsvariablen. Innerhalb von Funktionsdefinitionen erzeugt declare lokale Variablen, wie local (S. 111). Folgt der Deklaration eine Zuweisung in der Form =Wert, führt die Bash diese direkt aus, bei der Zuweisung von Ganzzahlvariablen erfolgen automatisch arithmetische Expandierungen.

-f beschränkt die Ausgabe auf Funktionen; -F verhindert die Ausgabe der Funktionsdefinitionen, Zusammen mit der Shelloption extdebug zeigt declare auch Namen und Zeilennummer von Skripten an, in denen die Definitionen erfolgten. Mit -t lässt sich ein *Trace-Attribut* setzen, das die Vererbung von DEBUG-Trap und RETURN-Traps aktiviert.

declare ersetzt den obsoleten Befehl typeset (S. 127) und erzeugt Rückgabewerte von Null, sofern keine unzulässigen Optionen angewendet wurden, Funktionen keine Werte zugewiesen werden, keine Zuweisungen bei nicht schreibgeschützten oder nicht existierenden Variablen erfolgen und der Status nicht zu ändern versucht wird, die Syntax bei Arrayzuweisungen eingehalten ist und nur vorhandene Funktionen anzuzeigen versucht wird.

Neu sind in der Bash-Version 4.0 die Optionen -l (lowercase), -u (uppercase) und -c (capitalize): Sie konvertieren Variableninhalte automatisch schon bei der Zuweisung.

declare -c foo-'capitalize'   *erzeugt/speichert: Capitalize*

dirs -clpv +Nummer -Nummer

Ohne Optionen zeigt dirs den aktuellen $DIRSTACK (S. 72) in einer Zeile an, in dem die Bash Verzeichnisse zwischenspeichert. pushd

(S. 113) fügt neue Einträge am Zeilenanfang hinzu, popd (S. 112) entfernt sie wieder von links. Voreingestellt verwendet die Bash eine kompakte Ausgabe, -l aktiviert ein breiteres Format, -p bewirkt eine zeilenweise Ausgabe.

+*Nummer* zeigt den *Nummer*ten Eintrag (von links, beginnend mit Null), -*Nummer* den entsprechenden Eintrag von rechts, -v zeigt die Indexnummern mit an.

-c(lear) löscht den Inhalt von $DIRSTACK.

Der Rückgabewert ist Null, sofern *Nummer* einen zulässigen Index bezeichnet und keine ungültigen Optionen angegeben werden.

disown -ar -h -*Job*...

Hintergrundprozesse speichert die Bash in einer mit disown verwalteten Tabelle. Ohne Optionen entfernt disown alle angegebenen *Jobs* aus der Tabelle (*ohne sie zu beenden*). Die Option -h markiert *Jobs* so, dass sie (das beim Logout automatisch gesendete Signal) SIGHUP zum Terminieren ignorieren. -a(ll) wirkt auf alle *Jobs*, -r(unning) nur auf aktuell laufende.

Ohne das *Job*-Argument und ohne -a bzw. -r verwendet disown den aktuellen (also den zuletzt abgesetzten) Hintergrundprozess. Mit einem gültigen *Job* erzeugt disown den Rückgabewert Null. Siehe auch die Informationen auf Seite 80.

echo -neE *Argument* ...

echo gibt das *Argument* auf dem Standardausgabekanal aus. Mehrere *Argumente* erscheinen durch Leerzeichen getrennt, voreingestellt ein NL die Ausgabe, was aber -n unterdrückt. Durch -e interpretiert echo einige als Escape-Sequenzen enthaltene Steuerzeichen, siehe Tabelle 7 auf der nächsten Seite; -E unterdrückt dies.

Die Shelloption xpg_echo stellt deren Interpretation vorab ein.

»--« beendet für echo keine Argumente, der Rückgabewert ist immer Null. Erweiterte Ausgabeformatierungen erlaubt printf (S. 112).

Code	Bedeutung
\a	Das Bell-Zeichen.
\0nnn	Ein durch die (dreistellige) Oktalzahl bezeichnetes ASCII-Zeichen für weitergehende Formatierungen.
\xhh	Ein durch die (zweistellige) Hexadezimalzahl bezeichnetes ASCII-Zeichen für weitergehende Formatierungen.
\\	Der Backslash.
\e	Ein Escape-Zeichen (für weitergehende Formatierungen).
\b	Ein Backspace (für weitergehende Formatierungen).
\n	Ein Zeilenumbruch (NL).
\c	Unterdrückt den Zeilenumbruch (NL).
\f	Ein Form Feed (Ff).
\t	Ein horizontaler Tabulator.
\v	Ein vertikaler Tabulator.
\r	Ein CarriageReturn (Cr).

Tabelle 7: Von echo *interpretierbare Steuerzeichen*

enable -adnps -f *Datei Name* ...

Steuert die (De-)Aktivierung eingebauter Befehle. Nach Deaktivieren eingebauter Befehle (durch die Option -n) verwendet die Bash gleichnamige externe Befehle (ohne dass diese mit dem Pfad aufgerufen werden müssten). -f erlaubt spezielle Objektdateien als Builtins zu laden, -d entlädt sie wieder. Ohne Optionen (oder -p) und Argumente zeigt enable aktuell verfügbare Builtins, zusammen mit -n nur deaktivierte, mit -a alle. Die Option <-s>(pecial) beschränkt die Ausgabe auf POSIX-kompatible Builtins.

Fehlerhafte Ladeversuche erzeugen Rückgabewerte ungleich Null.

eval *Argument* ...

Die *Argumente* von eval bearbeitet die Bash als Befehlszeile, die anschließend ausgeführt wird. Deren Rückgabewert übernimmt eval und gibt ihn selbst an die Bash zurück. Der Befehl fungiert quasi als »Präprozessor« für Befehlszeilen.

exec -cl -a *Name Befehlszeile*

Mit exec kann die Bash sich selbst durch die im optionalen Argument enthaltene *Befehlszeile* ersetzen, ohne einen neuen Prozess zu erzeugen. Die Option -l veranlasst exec vor $0 ein - zu setzen, wie dies login macht. -c(lear) löscht das Environment vor Ausführen der *Befehlszeile*. Argumente von -a fügt exec als $0 (also als Befehl) in die auszuführende *Befehlszeile* ein.

Kann eine *Befehlszeile* nicht ausgeführt werden, terminieren nicht interaktive Shells, bei denen die Shelloption execfail aktiv ist. Interaktive Shells melden Fehler in nicht ausführbaren *Befehlszeilen*.

Erfolgt der Aufruf von exec ohne einen Befehl in der *Befehlszeile*, führt die Bash alle vorhandenen Redirections im aktuellen Environment aus. So lassen sich neue Ein- und Ausgabekanäle öffnen (oder schließen). Fehler bei Umleitungen führen zum Rückgabewert 1.

exit *Rückgabewert*

Shellskripten sollten mit exit enden, und müssen es, wenn ihnen ein bestimmter *Rückgabewert* übergeben werden soll. Vor dem Ende führt exit möglicherweise definierte EXIT-Traps aus.

export -fn | -p *Name[=Wert]* ...

Mittels export markierte Variablen oder Funktionen vererbt die Bash in das Environment neu gestarteter Prozesse. Die Bash erlaubt mit export *Var=Wert* direkt Variablenzuweisungen vorzunehmen. Die Option -f beschränkt dies auf Funktionen, -p (oder keine Option) zeigt exportierbare Variablen an. Mit -n lässt sich die Exportmarkierung wieder löschen.

export terminiert mit einem Rückgabewert ungleich Null beim Versuch, falsche Optionen aufzurufen, -f auf andere Argumente als Funktionen anzuwenden oder ungültige Variablen zu exportieren.

fc -e *Editor* -nlr *erste Zeile letzte Zeile* **oder**
fc -s *Muster=Ersetzung Befehl*

Fix Command erlaubt, Befehlszeilen erneut zu bearbeiten. In der ersten Form wählt die Bash alle von *erste Zeile* bis *letzte Zei-*

le (einschließlich) enthaltenen Befehlszeilen aus der History aus, lädt sie in den den voreingestellten bzw. durch -e definierten Editor (oder $FCEDIT, falls ungesetzt: $EDITOR, sonst vi; entspricht: ${FCEDIT:-${EDITOR:-vi}}), wo sie der Anwender bearbeiten kann. Anschließend führt die Bash die (veränderten) Befehlszeilen erneut aus. Die Grenzen lassen sich als Zeilennummern (der History, negative Angaben relativ zur aktuellen Zeile) oder in Form von Befehlszeilenteilen angeben.

Fehlt eine Angabe, interpretiert fc beim Auflisten die vorhandene als *erste Zeile* und verwendet als *letzte Zeile* die aktuelle. Zum Editieren nutzt fc die vorhandene Angabe als zu bearbeitende Zeilennummer. -n unterdrückt die Darstellung von Zeilennummern, -r kehrt die Reihenfolge um. -l(ist) verhindert das Laden in den Editor und zeigt die ausgewählten Zeilen auf dem Standardausgabekanal. Die zweite Form erlaubt, in Befehlszeilen jedes Auftreten von *Muster* vor der erneuten Ausführung durch *Ersetzung* zu substituieren.

Falsche Optionen oder ungültige Zeilennummern erzeugen Rückgabewerte ungleich Null; bei -e und in der zweiten Form bestimmt die ausgeführte Befehlszeile den Rückgabewert.

fg *Job*

Foreground; holt einen Hintergrundprozess wieder in den »Vordergrund«, verbindet ihn damit wieder mit dem aktuellen Terminal. Ohne *Job* verwendet die Bash den aktuellen Job (zuletzt in den Hintergrund verlagerten Prozess), andere Angaben (wie %2) sind auch möglich. Siehe auch Seite auf Seite 80.

Den Rückgabewert bestimmt der in den Vordergrund gebrachte Prozess, oder aber er ist ungleich Null, wenn dies nicht möglich war.

for *Variable* in *Liste*; **do** *Befehle* ; **done oder**
for ((*Ausdruck1* ; *Ausdruck2* ; *Ausdruck3* **)) ;**
do *Befehle* ; **done**

for-Schleifen gibt es in zwei Varianten: Sie lassen eine *Variable* eine *Liste* von Elementen sequenziell durchlaufen (einen Wert pro Durchlauf) und führen dabei jeweils *Befehle* aus, die typischerweise diese Laufvariable nutzen. Fehlt die *Liste*, verwendet die Bash automatisch "$@" als Wertebereich.

Alternativ kann for einen komplexen (arithmetischen) *Ausdruck*
wie folgt bearbeiten (alle Ausdrücke sind optional, ihr Fehlen interpretiert die Bash als 1):

- Zunächst wird *Ausdruck1* einmalig arithmetisch ausgewertet.
- Dann wertet die Bash bei jedem Schleifendurchlauf *Ausdruck2*
  aus; solange der Wert ungleich Null ist, führt die Bash die *Be-
  fehle* aus. Anschließend wertet sie *Ausdruck3* aus.
- Falls *Ausdruck2* einen Wert von Null liefert, beendet sie die
  Schleife.

Dies entspricht:

```
(( Ausdruck1 ))
while (( Ausdruck2 ))
     do Befehle
     (( Ausdruck3 ))
done
```

getopts *Optionskürzel* *Variable* *Argumente*

getopts ist die in die Bash eingebaute Variante von getopt, einem
Programm zur Auswertung von Optionen in Skripten (oder Funktionen). Das Argument *Optionskürzel* enthält die vom Skript verwendeten Optionen, abgekürzt mit einem Buchstaben. Folgt diesem
ein Doppelpunkt, interpretiert getopts dies als Option mit einem
(durch *white space* abgetrenntem) Argument, also: -o Argument,
-oArgument erkennt die Bash nicht. Außer : und ? sind alle Zeichen
als Optionskürzel möglich.

Bei jedem Aufruf von getopts plaziert die Bash eine weitere Option
in der angegebenen *Variablen* (obligatorisch!), so dass bei Anwendung in einer Schleife alle Optionen der Reihe nach bearbeitet werden können. Die Shellvariable $OPTIND (voreingestellt mit 1) enthält
dabei immer die Indexnummer der als Nächstes bearbeiteten Option. Bei Optionen mit Argumenten speichert die Bash den aktuellen
Parameter in der Shellvariablen $OPTARG.

Die Bash löscht $OPTIND am Ende nicht automatisch – das muss bei
Bedarf manuell erfolgen. Nach Bearbeitung aller Optionen terminiert getopts mit einem Rückgabewert ungleich Null. $OPTIND ent-

hält dann die Positionsnummer des ersten Nicht-Optionsarguments, *Variable* ?.

Fehlermeldungen von getopts lassen sich auf zwei Arten unterdrücken: Beginnt *Optionskürzel* mit einem Doppelpunkt, verhindert dies die Ausgabe von (sonst angezeigten) Warnungen, was auch das Setzen der Shellvariable $OPTERR auf 0 bewirkt.

Bei ungültigen Optionskürzeln setzt die Bash ein Fragezeichen in die *Variable* ($OPTARG wird gelöscht), was auch bei abgeschalteten Meldungen auf einen Fehler hinweist. Fehlt einer Option das erwartete Argument, erscheinen sowohl in $OPTARG als auch im *Variable* Fragezeichen.

Einen Rückgabewert gleich Null erzeugt getopts, wenn eine Option gefunden wird, unabhängig davon, ob *Optionskürzel* sie definiert.

hash -lr -p *Pfad* -dt *Befehl*

Die Pfade bereits einmal ausgeführter externer *Befehle* speichert die Bash in einer durch hash verwalteten Tabelle. Ohne Optionen zeigt hash diese Tabelle mit der Anzahl der Aufrufe und der verwendeten Pfade an. -p unterdrückt die Suche von *Befehlen* anhand von $PATH und verwendet stattdessen *Pfad*. Mit -r löscht hash die gesamte Tabelle, durch -d einzelne Zeilen. -t ermittelt den zu *Befehl* gehörenden Pfad aus der Tabelle. Durch -l erscheinen die Ausgaben in einem wiederverwendbaren Format. Rückgabewerte ungleich Null erzeugt hash nur bei fehlerhaften Optionen und (mit -l) nicht vorhandenen *Befehl*-Einträgen.

help -s *Muster*

Die Bash kann für einige Stichwörter (Builtins, Kontrollstrukturen, Variablen) kurze Onlinehilfen anzeigen. Das Argument *Muster* interpretiert sie dabei als Namensmuster für das Stichwort und liefert alle entsprechenden Einträge (ein leeres/fehlendes Muster zeigt eine Übersicht). -s beschränkt die Ausgabe auf die entsprechende Syntax.

Ab der Bash-Version 4.0 hat sich das Ausgabeformat geändert: Die Ausgabe erfolgt nun vertikal sortiert in Spalten anstelle der zuvor verwendeten Zeilen. Außerdem lehnt sich die Dokumentation nun mehr an die man-Page an. Dies unterstützt auch die neue Option -m (man), die deren Format für die eingebauten Hilfstexte simuliert. Ebenfalls neu ist die Option -d, die eine einzeilige Kurzbeschreibung (ähnlich apropos) zeigt.

Sofern *Muster* mindestens einen Treffer liefert, ist der Rückgabewert Null.

history *Option Argument...*

Ohne Optionen und Argumente zeigt history den aktuellen Inhalt der History mit vorangestellten Zeilennummern. Ein Sternchen (*) in der Ausgabe markiert modifizierte Zeilen. *Ein* numerisches Argument interpretiert history als Anzahl von Zeilen, die vom Ende der History angezeigt werden sollen. Mit einem Dateinamen als Argument nutzt history diesen als Link zum Historyfile und zeigt diese Datei anstelle der voreingestellten (~/.bash_history) bzw. in $HISTFILE (S. 77) definierten. Diese Optionen unterstützt history:

-c(lear) löscht die aktuelle History. Durch -d *Zeile* lassen sich einzelne Zeilen gezielt löschen.

-a(ppend) erlaubt die seit Start der Bash neuen Befehlszeilen in die Historydatei aufzunehmen. Ohne diese Option löscht die Bash eine entsprechende Anzahl alter Zeilen.

-n liest bisher aus der Historydatei noch nicht eingelesene Zeilen in die aktuelle History ein. Durch -r(ead) liest history die im Argument angegebene Datei als Historydatei ein; mit -w schreibt history sie neu.

-p führt Historyexpandierungen durch und zeigt das Ergebnis an, ohne es gleich auszuführen oder in die History aufzunehmen. *Argumente* müssen dabei maskiert sein.

Durch -s speichert history alle Nicht-Optionsargumente in einer Zeile der History, nachdem die letzte (aktuelle) Zeile entfernt wurde.

Die Shellvariable $HISTTIMEFORMAT (S. 77) (mit strftime-Formaten) erlaubt, zusätzlich Zeitmarken in die History aufzunehmen. history terminiert erfolgreich, sofern keine unzulässigen Optionen oder Probleme mit der Historydatei oder Argumenten auftraten.

```
if Bedingung ; then WAHR-Befehle ;
              elif weitere Bedingung ;
              then WAHR-Befehle für weitere Bedingung ;
              else alternative Befehle;
fi
```

Der durch Auswertung einer *Bedingung* entstandene Rückgabewert
entscheidet, ob (Rückgabewert: 0) *WAHR-Befehle* ausgeführt werden oder nicht (dann optional *alternative Befehle*). Rückgabewerte ungleich Null führen zur Auswertung einer oder mehrerer `elif`
übergebener *weiterer Bedingungen*, die bei Erfolg zur Ausführung
von *weitere WAHR-Befehle* führen. Enthalten die *Bedingungen* mehrere Befehle, entscheidet der Rückgabewert des letzten.

jobs `-lnprs` *Job* ... **oder jobs** `-x` *Befehlszeile Job*

Hintergrundprozesse der Bash verwaltet `jobs`. Ohne Optionen zeigt
`jobs` aktive Prozesse an, durch `-l` zusammen mit der PID, durch `-p`
nur die PID (der Prozess-Groupleader). `-n` beschränkt die Ausgabe
auf neue (seit der letzten Anzeige hinzugekommene bzw. im Status
veränderte) Jobs. `-r` zeigt nur laufende Jobs, `-s` angehaltene.

Mit *Job* berücksichtigt `jobs` nur die angegebenen Hintergrundprozesse, ohne *alle* Hintergrundprozesse.

Sofern keine unzulässigen Optionen oder ungültigen *Jobs* angegeben
werden, ist der Rückgabewert Null.

In der zweiten Form ersetzt `jobs` den angegebenen *Job* durch die kor-
respondierende ProzessgroupID. Anschließend führt `jobs` die *Befehlszeile* mit der ermittelten ID aus (was den Rückgabewert bestimmt). Siehe auch Seite auf Seite 80.

Anmerkung: Ab Bash 4.0 gibt es eine neue Shelloption `checkjobs`
(Seite 120), die bewirkt, das die Shell beim `exit` noch laufende Hintergrundprozesse anzeigt.

Außerdem gibt es mit den Koprozessen (Seite 82) eine Alternative zu
herkömmlichen Hintergrundprozessen.

kill -s*Signal* | -n *Signalnummer* | -*Signal* | -l [*Name*]
PID | *Job* **...**

Mit kill sendet die Bash *Signale* an Prozesse, wo sie Reaktionen auslösen (können). Die *Signale* lassen sich mit Namen (mit/ohne SIG-
Präfix, in Groß-/Kleinschreibung, Voreinstellung: SIGTERM) oder
numerisch angeben, die Zielprozesse durch ihre PID oder als *Job*.

Mit der Option -l(ist) zeigt kill alle verfügbaren Signale des Systems an, ein Argument wird als Namensbestandteil interpretiert.

Falls kill mindestens ein Signal erfolgreich sendet oder mit -l eine
Signalnummer ermittelt, ist der Rückgabewert gleich Null.

let *Argument   Argument...*

let wertet arithmetische Ausdrücke in *Argument* aus. Falls diese
Auswertung Null ergibt, ist der Rückgabewert von let 1, sonst 0,
siehe auch Abschnitt *Arithmetische Ausdrücke* (S. 50).

local *Option   Variable*[=*Wert*] **...**

Definiert lokale Variablen, die nur innerhalb von Funktionen (und
deren Kindern) sichtbar sind. Die *Option* entsprechen denen von
declare (S. 101).

logout *Rückgabewert*

Anwender können durch logout eine Shell verlassen, wobei der
Rückgabewert übergeben wird. Die Bash führt dabei (eine möglicherweise vorhandenen Datei mit Namen) ~/.bash_logout aus.

mapfile -n *Anzahl* -O *Anfang* -s *Anzahl* -t -u *File* -C
Aktion -c *Anzahl Array*

mapfile oder readarray (Synonym) lesen Eingaben in ein Array ein.
Wie dies genau geschieht steuern diverse Optionen. Voreingestellt
ließt mapfile vom Standardeingabekanal, als Argument der Option
-u lässt sich aber auch ein beliebiger Filedescriptor dafür angeben.
Ohne die Angabe des Arguments *Arrays* verwendet der Befehl dafür
das automatisch erzeugte Array $MAPFILE.

-n *Anzahl* definiert die Zeilenanzahl, die `mapfile` einliest. Ein Wert von 0 (oder keine Angabe) lässt alle Zeilen einlesen.

-o *Anfang* legt den ersten (numerischen) Index fest, bei dem das zum Einlesen verwendete Array beginnt, voreingestellt ist 0.

-s *Anzahl* ermöglicht die ersten *Anzahl* Zeilen zu ignorieren.

-t entfernt abschließende Newlines in den eingelesenen Zeilen.

-c *Anzahl* nach der angegebenen *Anzahl* Zeilen ruft `mapfile` die durch folgende Option definierte *Aktion* auf. Achtung: In früheren Versionen wurde diese Option durch -q aktiviert.

-C *Aktion* definiert die durch -q aufgerufene *Aktion*.

`mapfile.tests` und `mapfile1.sub` (aus de Originalquellen) zeigen die Anwendung dieser Optionen.

popd *-Nummer* *+Nummer* -n

`popd` wechselt wie `cd` (S. 96) in das zuletzt mit `pushd` (S. 113) auf den $DIRSTACK abgelegte Verzeichnis. Den entsprechenden Eintrag entfernt die Bash dabei automatisch. `dirs` (S. 102) stellt den aktuellen Inhalt des Stacks dar. Durch +*Nummer* verwendet `popd` den von links ermittelten Eintrag (beginnend mit Null), -*Nummer* den von rechts ermittelten. Die Option -n löscht den Eintrag, ohne in das entsprechende Verzeichnis zu wechseln.

Falsche Optionen oder der Versuch, in ein außerhalb der Indexbereichs liegenden Stackeintrag zu wechseln, erzeugen Rückgabewerte ungleich Null. Das geschieht auch, wenn der Verzeichniswechsel misslingt.

printf -v *Variable* **Format** *Argumente*

Analog zu `echo` (S. 103) schreibt `printf` Ausgaben formatiert in den Standardausgabekanal. Dabei stellt `printf` allerdings umfangreichere *Format*ierungsmöglichkeiten zur Verfügung. In *Format* steuern drei Steuerzeichen die Ausgabe von reinem (unformatiertem) Text, Text mit Escape-Zeichen und speziell formatierten Texten. Letztere enthalten Steuerzeichen (%*Direktiven*), die die Darstellung nachfolgender Zeichen festlegen. Bei Bedarf nutzt `printf` diese Angaben mehrfach.

- %s: steuert die Formatierung von Strings.

- %d: steuert die Formatierung von (Dezimal-) Zahlen.

- %b: erweitert die Formatierung von %s, so dass Escape-Sequenzen expandiert werden.

- %q: erweitert die Formatierung, so dass Argumente in einem von der Shell wiederverwendbaren Format ausgegeben werden.

Ab Bash Version 4.0 erlaubt die Option -v eine Ausgabeumleitung direkt in eine *Variable*, anstatt in den Standardausgabekanal:

Syntax: printf -v *Variable Format Argumente*

Der Rückgabewert ist Null, wenn Ausgaben erfolgen.

pushd *-n +Nummer -Nummer Verzeichnis*

Wie cd (S. 96) führt pushd einen Verzeichniswechsel durch, speichert dabei das Zielverzeichnis gleichzeitig auf dem $DIRSTACK. dirs (S. 102) zeigt diesen an, popd (S. 112) entfernt dort vorhandene Einträge. Ohne Optionen vertauscht pushd die obersten (linken) beiden Einträge und wechselt in das entsprechende Verzeichnis. *-Nummer* und *+Nummer* rotieren die Einträge von links bzw. rechts um die angegebene Anzahl von Schritten (mit Null beginnend) und wechseln in das entsprechende Verzeichnis. Die Option -n verhindert einen Verzeichniswechsel.

Erfolgt ein Verzeichniswechsel, ruft pushd automatisch dirs auf und terminiert mit dem Rückgabewert Null, den falsche Optionen und ungültige *Verzeichnisse* oder der Versuch, den Indexbereich des Stacks zu verlassen (bzw. ein leerer Stack), verändern.

pwd *-LP*

Print working directory. pwd zeigt das aktuelle Verzeichnis an. Mit der Option -P löst pwd dabei symbolische Links auf, was auch -o physical bei set (S. 116) bewirkt. -L (die Voreinstellung) erhalten symbolische Links. Wenn das aktuelle Verzeichnis lesbar ist und keine unzulässigen Optionen angegeben werden, terminiert pwd mit Null.

read -ers -u *fd* -t *Zeit* -a *Array* -p *Prompt* -n *Anzahl*
-d *Trennzeichen Variable* ...

read liest Zeilen oder Zeichen vom Standardeingabekanal, sofern nicht mit -u ein anderer Filedescriptor eingestellt ist. Das erste, durch ein in $IFS vorhandenes Zeichen abgetrennte, Wort speichert read in der ersten *Variablen*, das zweite in der zweiten usw. Stehen nicht genug Variablen zur Verfügung, speichert read den Rest in der letzten Variable, Voreinstellung ist $REPLY. Nicht benötigte Variablen bleiben leer. Mit -a lässt sich alternativ ein Array für die Speicherung (ab Index 0) angeben, durch -p ein als Prompt auf dem Standardfehlerkanal ausgegebener Text. Mittels -t lässt sich eine Zeit in Sekunden angeben, die read auf Eingaben von einem Terminal oder einer Pipe wartet (Voreinstellung: beliebig lange) – erfolgt sie nicht, terminiert read mit einem Fehler. Neu ist ab der Bash-Version 4.0, dass read mit dem Rückgabewert Null terminiert, wenn Eingaben vorhanden sind, auch wenn -t mit der Option 0 verwendet wurde.

Zeilen enden voreingestellt mit Newline, aber mit -d lässt sich ein anderes Zeichen vereinbaren. -e erlaubt, Eingaben mit Readline einzulesen (und zu bearbeiten). Durch -n liest die Bash bei jedem Aufruf von read eine genau definierte Anzahl von Zeichen anstelle einer (ganzen) Zeile ein. Der Backslash maskiert unmittelbar folgende Sonderzeichen in den Eingaben, sofern nicht durch -r(aw) die direkte Eingabe aktiviert wurde. Dann verlängert NL Zeilen nicht mehr. Ähnlich wirkt -N: Auch hier liest die Bash exakt die angegebene Anzahl von Zeichen, ignoriert dabei aber Begrenzungen wie Zeilenumbrüche (ab Bash Version 4.1).

-s schaltet read in einen *silent mode*, in dem von einem Terminal eingelesene Zeichen nicht mehr ausgegeben werden. read terminiert mit einem Fehler beim Erreichen des Eingabeendes oder bei Angabe eines ungültigen Filedescriptors.

Einige Neuigkeiten bring die Bash ab der Version 4.0 für diesen Befehl: Mit der Option -i ist es möglich, eingelesenen Text auch in den Reply-Buffer zu übernehmen, sofern Readline zur Verfügung steht. Bereits eingelesenen Text enthält die angegebene Variable nun auch dann, wenn ein Timeout (-t) auftritt. Der Rückgabewert ist dann größer als 128. Als Argument von -t sind nun auch nicht ganzzahlige Werte möglich.

Für umfangreichere Eingaben sollten `readarray` bzw. `mapfile` (S. 111) verwendet werden.

readarray `-n` *Anzahl* `-O` *Anfang* `-s` *Anzahl* `-t` `-u` *File* `-C` *Aktion* `-c` *Anzahl Array*

Synonym für `mapfile` (S. 111).

readonly `-apf` *Variable*[=*Wert*] ...

Mit `readonly` erzeugt die Bash schreibgeschützte Variablen bzw. Funktionen (durch `-f`) oder wandelt bestehende entsprechend um. `-a` beschränkt dies auf Arrays. Ohne Optionen oder mit `-p` listet `readonly` alle schreibgeschützten Variablen und Funktionen (mit `-f`) auf, durch `-p` in einem wiederverwendbaren Format.

`readonly` erlaubt gleichzeitig Variablenzuweisungen, die sich später aber nicht mehr ändern oder löschen lassen. `readonly` terminiert beim Versuch, auf ungültige oder schreibgeschützte Variablen zuzugreifen, oder bei ungültigen Optionen mit einem Fehler.

return *Rückgabewert*

`return` wird zum Verlassen von Funktionen mit einem eingestellten *Rückgabewert* aufgerufen. Dabei berücksichtigt die Bash eventuell vorhandene RETURN-Traps. Fehlt diese Angabe, bestimmt der zuletzt ausgeführte Befehl den Rückgabewert. Außerhalb von Funktionen oder in durch `.` bzw. `source` (S. 92) ausgeführten Skripten führt `return` zu deren Beendigung (mit dem entsprechenden Rückgabewert). In interaktiven Shells terminiert `return` mit einem Fehler.

select *Variable* `in` *Liste* ...`;` `do` *WAHR-Befehle* `;` `done`

Die Bash expandiert die *Liste* (oder `"$@"`, falls diese fehlt) und erzeugt damit ein Menü von Werten, die mit einer Nummer versehen auf dem Standardausgabekanal erscheinen. Die Bash präsentiert dann `$PS3` (S. 24) und liest wie mit `read` (S. 114) vom Standardeingabekanal in *Variable* die Nummer in `$REPLY` (S. 75). Anschließend werden die *WAHR-Befehle* – üblicherweise mit einer Auswertung durch `case` (S. 96) – ausgeführt.

set --abefhkmnptuvxBCHP -o*Option Argument* ...

set zeigt ohne Optionen alle vorhandenen Variablen und Funktionen (nicht im POSIX-Modus) in einem wiederverwendbaren Format. Lokale Einstellungen steuern die Sortierreihenfolge.

Optionen setzen (mit -*Option*) oder Löschen (durch +*Option*) viele grundlegende Eigenschaften der Bash.

Argumente, die zu keiner Optionen gehören, speichert set der Reihenfolge nach in Positionsparametern, beginnend mit $1, getrennt an den in $IFS (S. 70) enthaltenen Zeichen. (Oft wird dies Verhalten durch set -- *Text* erzwungen.)

-a (Langform: allexport) bewirkt, dass die Bash veränderte oder neue Variablen und Funktionen automatisch als exportierbar markiert.

-b (notify) veranlasst die Bash, das Ende von Hintergrundprozessen unmittelbar (und nicht erst nach dem Ende der aktuellen Befehlszeile) anzuzeigen.

Durch -e terminiert eine (auch interaktive) Shell, sobald ein einfacher Befehl einen Rückgabewert ungleich Null erzeugt. Das gilt nicht in Listen, unmittelbar in oder vor Kontrollstrukturen, Tests (auch Kurzschlusstests) oder wenn ! Rückgabewerte in Befehlszeilen invertiert. Möglicherweise vorab definierte ERR-Traps führt die Bash zunächst aus.

-B (braceexpand): Erlaubt der Bash, Klammerexpandierungen durchzuführen, das ist voreingestellt. Ab der Version 4.0 kann dies bei numerischen Expandierungen auch mit führenden Nullen erfolgen, um gleichlange Zahlen zu gewährleisten.

-E (errtrace) ERR-Traps werden durch diese Option in die Environments von Subshells vererbt, was voreingestellt nicht der Fall ist.

-T (functrace) aktiviert das Vererben von DEBUG-Traps (und auch von RETURN-Traps) an Funktionen, Befehlsersetzungen und in Subshell-Environments, was voreingestellt nicht der Fall ist.

-e (errexit) Fehler führen zum Beenden der (nicht interaktiven) Shell.

-h (hashall) speichert bereits einmal ausgeführte Befehle in einer Hash-Tabelle für schnellere Zugriffe.

-H (`histexpand`) aktiviert ! als *Bang* für Historyexpandierungen, voreingestellt für interaktive Shells.

-C (`noclobber`) verhindert, dass diese Bash bestehende Dateien durch die folgenden (Redirection-) Operatoren überschreibt: >, >&, <>. Allerdings erlaubt >| anstelle von > das Überschreiben weiterhin.

-u (`nounset`) Mit dieser Option führen ungesetzte Variablen bei Klammer bzw. Variablenersetzungen zu Fehlern (Rückgabewerte ungleich Null).

-t (`noecmd`) Die Shell beendet sich automatisch nach Ausführung einer Befehlszeile.

-P (`physical`) aktiviert die »physikalische« Auswertung von symbolischen Links. Voreingestellt folgt die Bash symbolischen Links, durch -P substituiert sie stattdessen die physikalische Verzeichnisstruktur.

-p (`privileged`) *privilegierter Modus*: In diesem Modus wertet die Bash die Shellvariablen $ENV und $BASH_ENV nicht aus, führt daher dort definierte Startup-Files *nicht* aus. In der Elternshell definierte, exportierbare Funktionen erben derartige Shells nicht, die Umgebungsvariable $SHELLOPTS wird ignoriert. Stimmen effektive und reale UID *nicht* überein, dann verhindert -p das voreingestellte Angleichen (bzw. Zurücksetzen) der effektiven ID. Beim Abschalten dieses Modus' erfolgt das dann automatisch zusammen mit dem Angleichen der GID.

Ab der Bash Version 4.0 ignoriert die Shell in diesem Modus die Variablen $CDPATH und $GLOBIGNORE.

-v (`verbose`): Bewirkt die Anzeige eingelesener Befehlszeilen. Wird oft (zur Fehlersuche) zusammen mit -x eingesetzt

-x (`xtrace`): Zeigt nach Expandierung einfacher Befehle sowie nach `for`, `case`, `select` und arithmetischen Expandierungen das Ergebnis nach einem $PS4 (S. 24)-Prompt. Die in Bash Version 4.1 neue Variable $BASH_XTRACEFD (S. 72) erlaubt das Umleiten der Ausgaben in den angegebenen Filedescriptor.

-f (`noglob`) deaktiviert das Expandieren von Dateinamen.

Voreingestellt ist durch -h(ash) das »Merken« von Pfaden für bereits einmal ausgeführte externe Programme, siehe `hash` (S. 108).

-k (keyword) Alle als Zuweisungen vorgenommenen Environmenteinträge, nicht nur die in der Befehlszeile stehenden, übernimmt die Bash automatisch in das neue Environment.

-m (monitor) aktiviert den *Monitor Modus* (voreingestellt für interaktive Shells), der über das Ende von Hintergrundprozessen berichtet.

-n (noexec) verhindert das Ausführen von Programmen, alle anderen Aktionen erfolgen aber. Die Option dient zur syntaktischen Überprüfung von Skripten, interaktive Shells ignorieren sie.

-o *Option* Auf diese Weise lassen sich weitere Optionen in ihrer Langform (oben in Klammern angegeben) verwenden. Folgende Optionen lassen sich nur so aktivieren:

- emacs: aktiviert die EMACS-kompatible Editierschnittstelle (voreingestellt für interaktive Shells, die nicht mit --noediting starteten).

- history: aktiviert die Befehlszeilenhistory, voreingestellt bei interaktiven Shells.

- ignoreeof: entspricht IGNOREEOF=10

- pipefail: bewirkt, dass der zuletzt in einer Pipe *fehlerhaft* ausgeführte Befehl den Rückgabewert der Pipe bestimmt, sonst ist er Null.

- posix: aktiviert den POSIX-Modus, siehe Abschnitt *POSIX-Modus* (S. 83).

- vi: aktiviert die vi-artige Emulation der Editierschnittstelle

+o *Option* deaktiviert Optionen. Ohne gültiges *Option*-Argument zeigt die Bash aktuelle Einstellungen in wiederverwendbarer Form. set -o zeigt ohne Argument nur die Optionen und deren Status.

Eine besondere Bedeutung hat --, wonach die Bash alles folgende als Argumente (auch wenn sie die Form von Optionen haben) interpretiert und in Positionsparameter übergibt. Ohne Argumente löscht dies die Positionsparameter. - hat eine ähnliche Wirkung: Es signalisiert ebenfalls das Ende von Optionen und überführt Folgendes ebenfalls in Positionsparameter. Folgen keine Argumente, ändern sich die Positionsparameter aber *nicht*. Gleichzeitig deaktiviert dies die Optionen -x und -v.

Die momentan aktiven Optionen enthält die Shellvariable $- (in einer abgekürzten Form). set terminiert mit einem Rückgabewert von Null, sofern keine unzulässigen Optionen angegeben wurden.

shift *Schritte*

Beim Start einer Shell, eines Shellskripts oder einer Funktion ordnet die Bash Argumente den Positionsparametern $1 bis $n zu. ($0 ist etwas Besonderes.) shift verschiebt diese Zuordnung um n-Positionen (voreingestellt: 1, größere Werte als $# ignoriert die Shell) nach links, wodurch der Inhalt von $2 nach $1 wandert usw. Bei Fehlern erzeugt shift Rückgabewerte größer als Null.

shopt -pqsu -o *Option* ...

Dieser Befehl steuert die erweiterten Shelloptionen oder zeigt sie an. Voreingestellt sind viele dieser Shelloptionen deaktiviert; sie steuern weitergehende Bashfeatures. Ohne Angabe von Optionen oder mit -p(rint) zeigt shopt die aktuellen Einstellungen, durch -p in einem wiederverwendbaren Format. -s(et) setzt Optionen, -u(nset) löscht sie; ohne Argumente zeigen sie entsprechende Optionen an. Durch -q(uiet) unterdrückt shopt normalerweise angezeigte Meldungen. Bei der Darstellung von Shelloptionen erzeugt shopt nur dann den Rückgabewert Null, wenn alle angegebenen Optionen aktiviert sind. Ungültige Shelloptionen führen zu Rückgabewerten ungleich Null.

-o schaltet shopt in einen Kompatibilitätsmodus zu set (S. 116). Nur dessen Optionen berücksichtigt shopt noch.

autocd ist eine wichtige Neuerung ab der Bash-Version 4.0: Mit ihr aktiviert die Shell automatisch cd, wenn das erste Wort in der Befehlszeile kein Befehl, sondern ein Verzeichnis, ist und wechselt in dieses.

cdable_vars bewirkt, dass cd (S. 96) Argumente, die keine Verzeichnisse sind, als Variablennamen interpretiert.

cdspell erlaubt für interaktive Shells kleine Fehler in der Schreibweise von Verzeichnisnamen (im Argument von cd).

checkhash bewirkt, dass die Bash bei im Path-Hash gefundenen Befehlen zuerst prüft, ob diese (noch) existieren. Gegebenenfalls erfolgt eine erneute Suche entlang von $PATH.

checkjobs ist eine neue Option ab Bash 4.0: Sie veranlasst die Bash, noch laufende Jobs beim Beenden der Shell aufzulisten.

checkwinsize aktiviert die Überprüfung der Fenstergröße (mit Updates von $LINES und $COLUMNS) nach Ausführen jeder Befehlszeile.

cmdhist veranlasst die Bash, mehrzeilige Befehle in einer History-Zeile zu speichern.

Neu ab der Version 4.0: dirspell bewirkt, dass die Shell Schreibfehler in Verzeichnisnamen beim Komplettieren automatisch korrigiert.

dotglob nimmt auch mit Punkten beginnende Dateinamen in die Ergebnisse von Expandierungen auf.

execfail verhindert bei nicht interaktiven Shells das Terminieren, falls exec (S. 105) die im Argument angegebene Datei nicht findet. (Interaktive Shells terminieren dabei ebenfalls nicht.)

expand_aliases Aktiviert Alias-Expandierungen, siehe Abschnitt *Alias-Konstrukte* (S. 64); voreingestellt für interaktive Shells.

extdebug aktiviert zusätzliche Debug-Features:

- Für declare (S. 101) zeigt -F Datei und Zeilennummer.
- In von DEBUG-Traps ausgeführten Befehlszeilen führen Rückgabewerte ungleich Null zum Überspringen des nächsten Befehls.
- Ein Rückgabewert von 2 führt bei durch DEBUG-Traps ausgeführten Subroutinen zu einem (simulierten) return.
- $BASH_ARGC und $BASH_ARGV werden aktualisiert.
- Das Tracing von Funktionen wird aktiviert; DEBUG- und RETURN-Traps wirken auch bei Befehlsersetzungen, Funktionen und in Subshells.
- Error-Tracing wird aktiviert; ERROR-Traps wirken auch bei Befehlsersetzungen, Funktionen und in Subshells.

extglob aktiviert erweiterte Musterverarbeitung von Dateinamen, siehe Abschnitt *Erweiterte Dateinamenmuster* (S. 54). Diese Option lässt sich beim Kompilieren ab der Version 4.1 vorab einstellen. Ebenfalls neu ist, dass die Bash diese Option temporär aktiviert, wenn in [[...]]-Ausdrücken die Operatoren == oder != auftreten, siehe Seite 92.

`extquote` Voreinstellung; aktiviert die Interpretation von $'String'$ und $"String"$ in *Parameter*, wenn diese zwischen doppelten Hochkommata stehen.

`failglob` erzeugt (Expandierungs-) Fehler, wenn Dateinamenmuster keine Treffer erzielen.

`force_fignore` Voreinstellung; bewirkt das Ignorieren der in `$FIGNORE` definierten Muster in Komplettierungen (auch wenn dies die einzigen Treffer sind).

Neu in der Version 4.0: `globstar` aktiviert »**« als neues Metazeichen in Dateinamenmustern. Es entspricht allen Verzeichnissen aller Ebenen (rekursiv).

`gnu_errfmt` aktiviert das Standard-GNU-Error-Format für Fehlermeldungen.

`histappend` hängt die History an die in der Variablen `$HISTFILE` definierte Datei; voreingestellt wird diese ersetzt.

`histreedit` erlaubt zusammen mit Readline das Editieren fehlerhafter Historyersetzungen.

`histverify` Zusammen mit Readline lädt die Bash expandierte Zeilen in den Readline-Editor für weitergehende Modifikationen.

`hostcomplete` Voreinstellung; zusammen mit Readline erlaubt diese Shelloption Komplettierungen von Hostnamen für Wörter, die ein @ enthalten.

`huponexit` bewirkt, dass terminierende Login-Shells SIGHUP an alle von ihr gesteuerten Prozesse senden.

`interactive_comments` Voreingestellt; interpretiert # als Kommentarzeichen, ignoriert den Rest der Zeile.

`lithist` speichert mehrzeilige Historyzeilen mit eingebettetem NL (anstelle des voreingestellten Semikolons).

`login_shell` Dieses Flag setzen Login-Shells automatisch; es kann nicht verändert werden.

`mailwarn` zeigt mit »`The mail in mailfile has been read`« Zugriffe auf die Mail-Datei nach dem letzten Check an.

`no_empty_cmd_completion` Zusammen mit Readline unterdrückt diese Shelloption in leeren Zeilen Komplettierungen.

`nocaseglob` Voreingestellt unterscheidet die Bash bei Komplettierungen zwischen Groß-/Kleinschreibung von Dateinamen. Diese Option lässt sie dies ignorieren.

`nocasematch` aktiviert das Ignorieren von Groß-/Kleinschreibung bei Vergleichen mit `case` (S. 96) oder in `[[`-Bedingungen.

`nullglob` Erlaubt der Bash, Muster als leere Strings auszuwerten, wenn keine Treffer ermittelt werden. Voreingestellt substituiert die Bash dann das Muster selbst.

`progcomp` Voreinstellung; aktiviert programmierbare Komplettierungen.

`promptvars` Voreingestellt; aktiviert Parameterexpandierungen, Befehlsersetzungen, arithmetische Expandierungen und als Entfernen überflüssiger Quotes auch für Promptvariablen.

`restricted_shell` wird von in entsprechendem Modus gestarteten Shells gesetzt, lässt sich nicht ändern.

`shift_verbose` meldet Fehler, wenn `shift` (S. 119) über die vorhandene Anzahl von Positionsparametern hinaus angewendet wird.

`sourcepath` Voreingestellt. Bewirkt dass `.` und `source` (S. 92) ihre Argumente auch entlang von `$PATH` suchen.

`xpg_echo` stellt für `echo` (S. 103) die Expandierung von Steuerzeichen vorab ein.

Neu ab der Version 4.0 sind die durch zwei Variablen realisierten Kompatibilitätslevel der Bash, die bei Quotes und dem Operator `=~` sowie dem Test `[[` zum Tragen kommen: `compat31` bzw. `compat32` veranlassen die Bash, diesen Versionen entsprechend zu arbeiten.

Die Bash ab Version 4.1 ergänzt dies entsprechend um die Option `compat40`.

suspend `-f`

Stoppt die Ausführung bis zum Eintreffen eines `SIGCONT`-Signals. `-f` unterdrückt Warnungen bei Login-Shells. Rückgabewerte ungleich Null erzeugen Login-Shells (ohne die Option `-f`) oder fehlende Job-unterstützung.

test *Ausdruck* oder [*Ausdruck*]

Die Bash kennt mit `test` bzw. [(wird immer mit einem abschließenden] verwendet) zwei eingebaute Befehle, die in der Lage sind, verschiedene *Ausdrücke* auszuwerten und einen davon abhängigen Rückgabewert zu erzeugen. Dieser kann dann zur Steuerung in Kontrollstrukturen herangezogen werden. *Ausdruck* kann ganz unterschiedlicher Natur sein, mehrere *Ausdrücke* lassen sich durch Operatoren logisch verknüpfen; Operatoren und Operanden werden dabei als separate Argumente übergeben.

Achtung: `test` bzw. [verarbeiten *keine* Optionen, sie erkennen nicht einmal `--`. Alle wesentlichen Features werden durch *Ausdrücke* und Operatoren (die wie Optionen angegeben werden, in der dargestellten Reihenfolge) realisiert.

Tabelle 8 auf der nächsten Seite fasst die Operatoren zusammen:

- ! (Negation): Kehrt das logische Ergebnis des *Ausdrucks* um.

- (*Ausdruck*): Gibt den (logischen) Wert des Ausdrucks wieder; Klammern erlauben, die Reihenfolge der Operatoren zu verändern.

- *Ausdruck1* `-a` *Ausdruck2* (AND): logisches UND; nur wahr, wenn beide Ausdrücke wahr sind.

- *Ausdruck1* `-o` *Ausdruck2* (OR): logisches ODER; wahr, wenn einer der Ausdrücke wahr ist.

Die Anzahl der Argumente von `test` bzw. [ist entscheidend für die Bearbeitung:

- 0 Argumente: Der Ausdruck ist falsch.

- 1 Argument: Der Ausdruck ist wahr, wenn das Argument *nicht Null* ist.

- 2 Argumente: Falls das erste Argument ! ist (Negation), ist der Ausdruck wahr, wenn das zweite Argument Null ist.

  Falls das erste Argument ein einfacher Operator ist, entscheidet sein Test (des zweitens Arguments); sonst ist der Ausdruck falsch.

- 3 Argumente: Handelt es sich beim zweiten Argument um einen Vergleichsoperator, entscheidet der entsprechende Test mit den

Code	Bedeutung
-a*Datei*	wahr, wenn die Datei existiert
-b*Datei*	wahr, wenn die Datei als Blockgerät existiert
c*Datei*	wahr, wenn die Datei als Zeichengerät existiert
-d*Datei*	wahr, wenn die Datei ein Verzeichnis ist
-e*Datei*	wahr, wenn die Datei existiert
-f*Datei*	wahr, wenn die Datei eine reguläre Datei ist
-g*Datei*	wahr, wenn für die Datei setUID gesetzt ist
-h*Datei*	wahr, wenn die Datei ein symbolischer Link ist (wie - L)
-k*Datei*	wahr, wenn für die Datei das *sticky bit* gesetzt ist
-p*Datei*	wahr, wenn die Datei eine benannte Pipe (FIFO) ist
-r*Datei*	wahr, wenn die Datei lesbar ist
-s*Datei*	wahr, wenn die Datei größer als Null Byte ist
-t*fd*	wahr, wenn der Filedescriptor ein Terminal bezeichnet
-u*Datei*	wahr, wenn für die Datei setUID gesetzt ist
-w*Datei*	wahr, wenn die Datei schreibbar ist
-x*Datei*	wahr, wenn die Datei ausführbar ist
-O*Datei*	wahr, wenn die Datei der effektiven UID gehört
-G*Datei*	wahr, wenn die Datei der effektiven GID gehört
-L*Datei*	wahr, wenn die Datei ein symbolischer Link ist (wie - h)
-S*Datei*	wahr, wenn die Datei ein Socket ist
-N*Datei*	wahr, wenn die Datei nach dem letzten Lesen modifiziert wurde
-o*Option*	wahr, wenn die Shelloption aktiv ist
-z*String*	wahr, wenn der String leer ist
-n*String*	wahr, wenn der String nicht leer ist

Tabelle 8: Einfache Operatoren von test *(S. 123), ab Version 4.1 berücksichtigt die Bash auch ACLs.*

anderen Argumenten. Falls das erste Argument ein ! ist, erfolgt eine Negation. Falls *Argument1* eine öffnende und *Argument3* eine schließende, runde Klammer ist, erfolgt die Auswertung des zweiten Arguments.

- 4 Argumente: ! als erstes Argument negiert die Auswertung der folgenden drei Argumente. Falls *Argument1* eine öffnende und *Argument4* eine schließende, runde Klammer ist, erfolgt die Auswertung der übrigen zwei Argumente.

- mehr als 4 Argumente: Die Interpretation hängt von den Argumenten ab.

Anmerkung: Neben [...] kennt die Bash mit [[...]] eine erweiterte Form (siehe Seite 92), die weder Word Splitting noch Expandierung durchführt.

Code	Bedeutung
Datei1 -nt *Datei2*	wahr, wenn Datei1 neuer als Datei2 ist, oder wenn Datei1 existiert und Datei2 nicht
Datei1 -ot *Datei2*	wahr, wenn Datei1 älter als Datei2 ist, oder wenn Datei2 existiert und Datei1 nicht
Datei1 -ef *Datei2*	wahr, wenn Datei1 und Datei2 die gleiche Datei bezeichnen (Device und Inode)
String1 == *String2*	wahr, wenn die Strings identisch sind
String1 != *String2*	wahr, wenn sich die Strings unterscheiden
String1 < *String2*	wahr, wenn String1 lexikalisch kleiner ist
String1 > *String2*	wahr, wenn String1 lexikalisch größer ist
Arg1 OP Arg2	*OP* ist einer der folgenden binären Vergleichsoperatoren: -eq (gleich), -ne (ungleich), -lt (kleiner als), -le (kleiner gleich), -gt (größer als), -ge (größer gleich). *Arg1* und *Arg2* sind zu Ganzzahlen expandierende Ausdrücke.

Tabelle 9: Mehrfache Operatoren von test *(S. 123)*

time [-p]] [!] *Befehlszeile* [| *Befehlszeile*...

Bei time handelt es sich nicht um einen eingebauten Befehl (im eigentlichen Sinn), sondern um ein Schlüsselwort, was aber in der Anwendung keinen wesentlichen Unterschied macht. Allerdings ist seine Angabe nicht erforderlich. Wird es angegeben, zeigt die Bash eine kurze Statistik über die zur Ausführung einer *Befehlszeile* benötigten Zeiten: reale Zeitdauer, Zeit im Usermodus und Zeit im Systemmodus. Normalerweise wird time in Zusammenhang mit (lange laufenden) Pipelines eingesetzt, die die Bash in Subshells ausführt.

Der Inhalt der Shellvariablen $TIMEFORMAT (S. 76) legt fest, wie die Bash Ausgaben formatiert. Durch -p erfolgt sie POSIX-konform.

Das zusätzliche Schlüsselwort »!« erlaubt es, den Rückgabewert der Pipe zu negieren, was manchmal nützlich ist. Normalerweise übernimmt die Pipe den Rückgabewert des letzten Befehls, die Shelloption pipefail steuert dies.

times

Im Unterschied zu `time` (S. 125) ist `times` ein eingebauter Befehl, der aber ebenfalls eine kurze statistische Auswertung der zur Ausführung benötigten Zeiten anzeigt. Der Rückgabewert ist immer Null.

trap `-lp` [*Befehlszeile*] *Signal*...

Traps erlauben, in Shellskripts auf Signale und spezielle Situationen (*exceptions*) im Programmablauf zu reagieren. `trap` definiert eine von der Bash ausgeführte *Befehlszeile*, die automatisch beim Eintreffen des *Signals* ausgeführt wird. Fehlt das Argument *Befehlszeile* oder wird es als - angegeben, setzt die Bash alle für *Signal* definierten Traps auf ihre Werte vor dem Start zurück (meistens keine Aktionen). Eine leere *Befehlszeile* ('') bewirkt, dass die Shell das entsprechende Signal ignoriert. Leerzeichen in der *Befehlszeile* werden durch Quotes geschützt.

Die Option -p(rint) veranlasst die Shell, die aktuellen Traps für die angegebenen *Signale* anzuzeigen. Ohne Argumente oder nur mit der Option -p zeigt `trap` alle aktuellen Traps an. -l zeigt eine Liste verfügbarer Signale und ihrer Signalnummern. *Signal* kann sowohl als Nummer als auch mit dem Namen (SIG darf entfallen) angegeben werden. Das Signal 0 interpretiert die Bash als EXIT; es wird automatisch beim Ende erzeugt. Das Signal DEBUG erzeugt die Bash automatisch vor jedem einfachen Befehl (auch in einem Alias), vor Kontrollstrukturen, der Auswertung arithmetischer Ausdrücke und dem ersten Befehl in einer Funktion, was `extdebug` steuert.

Das Signal ERR erzeugt die Bash, sobald ein einfacher Befehl einen von Null verschiedenen Rückgabewert erzeugt, allerdings nicht, wenn dies in einem Test (einer Kontrollstruktur, auch Kurzschlusstest) geschieht oder durch ! negiert ist, siehe auch `errexit`.

Auch das Signal RETURN, das die Bash bei jedem Aufruf einer Funktion oder von `source` (S. 92) (oder .) generiert, lässt sich auswerten. Vor der aufrufenden Shell ignorierte Signale lassen sich (natürlich) nicht mittels `trap` abfangen. Abgefangene Signale haben in Kindprozessen ihre ursprünglichen Werte, sofern sie dort nicht neu definiert werden.

`trap` erzeugt bei Angabe falscher Signale Rückgabewerte ungleich Null.

Anmerkung: Normalerweise wird `trap` am Anfang von Shellskripten oder Funktionen eingesetzt. Die Signale RETURN, ERR, DEBUG und EXIT sind keine »echten« Signale, lassen sich aber mit `trap` abfangen. Wichtige andere Signale sind SIGHUP (beim Abbruch einer Verbindung, wird oft zum erneuten Einlesen von Konfigurationsdateien verwendet) SIGINT (Interrupt), erzeugt durch [Ctrl][c], unterbricht die Bearbeitung. Diese Signale beenden Prozesse: SIGQUIT ([Ctrl][\]), SIGKILL (kann die Shell nicht abfangen, Traps werden ignoriert) und SIGTERM, die Voreinstellung von `kill` (S. 111).

type -aftpP *Name Name*...

`type` zeigt an, wie die Bash den oder die angegebenen *Namen* interpretiert, sofern sie in einer Zeile als Befehle auftreten.

Die Option -t begrenzt die Ausgabe auf eines der Schlüsselwörter `alias`, `keyword`, `function`, `builtin` und `file`. -p zeigt die (als externer Befehl) ausgeführte Datei an, was oft hilfreich ist. Durch -P erweitert sich die Suche auf den in $PATH (S. 70) definierten Pfad, was sinnvoll ist, wenn es gleichnamige Alias-Definitionen, Builtins oder Funktionen gibt. Achtung: Im Path-Hash vorhandene Einträge können verhindern, dass -p und -P die im $PATH zuerst stehenden Befehle auch zuerst finden. -a bewirkt, dass die Bash alle Treffer (ohne -p auch Alias-Definitionen, Builtins, Funktionen) anzeigt, im Path-Hash sucht sie dann *nicht*. -f verhindert die Berücksichtigung von Funktionen.

Ungültige *Namen* führen zu keiner Ausgabe, ein von Null verschiedener Rückgabewert zeigt dies an.

typeset --afFirtx -p *Name*=*Wert*...

Dieser Befehl ist obsolet, siehe `declare` (S. 101).

ulimit -SHacdefilmnpqrstuvx [*Limit*]

Viele Ressourcen des Systems lassen sich direkt mit der Shell verwalten bzw. ihre Nutzung beschränken. `ulimit` steuert dies oder zeigt relevante Informationen an. Zwei Varianten von Limits unterstützt `ulimit`: Die Option -S(oft) aktiviert *weiche Limits*, -H(ard) *harte* (oder absolute). Letztere lassen sich nie überschreiten, erstere können bis zum harten Limit überschritten werden. Ohne Verwendung einer dieser Optionen setzt `ulimit` beide gleich.

Limit wird als Ganzzahl in der Einheit angegeben, wie sie `ulimit` mit der Option `-a` anzeigt. Außerdem lassen sich die Schlüsselwörter `hard` (für die aktuellen harten Limits) oder `soft` verwenden. `unlimited` hebt bestehende Limits auf. Fehlt die *Limit*-Angabe, zeigt `ulimit` aktuelle Einstellungen der Softlimits, mit `-H` der Hardlimits.

Folgende Optionen steuern `ulimit`; das Vorhandensein eines *Limit*-Arguments entscheidet, ob Einstellungen erfolgen oder nur aktuelle Werte ausgegeben werden.

Neu ab der Version 4.0 ist die Option `-b` (socket buffer size), die Buffer für Sockets definiert.

`-c` steht für die Größe von Core Files, `-f` für die maximale Größe neuer Dateien, die von der Shell und ihren Prozessen erzeugt werden können; dabei definiert `-x` die maximale Anzahl von *file locks*. Einige Systeme ermöglichen es, durch `-n` die Anzahl gleichzeitig geöffneter Dateien zu begrenzen.

Eine Neuerung der Bash 4.0 ist, dass die Shell im POSIX-Modus die Argumente von `-c` und `-f` als Vielfache von 512 interpretiert.

`-e` steuert die maximale *scheduling priority* (dem *Nice-Wert*), `-r` die maximale *real-time scheduling priority* und `-t` die maximale CPU-Zeit in Sekunden. `-u` definiert die maximale Anzahl durch die Shell gestarteter Prozesse.

`-i` definiert die maximale Anzahl verwendeter Signale, `-l` das Maximum allozierten RAMs, wobei `-m` die maximale Größe des *resident sets* und `-d` für die maximale Größe des *process data segments*, und `-s` die maximale Stack-Größe definiert. `-v` legt fest, wie viel virtueller Speicher einer Shell zur Verfügung steht.

`-p` definiert die Größe von Pipe-Blöcken als Vielfaches von 512 Byte, `-q` die maximale Anzahl von Bytes in *posix message queues*.

Neu ab der Version 4.0 ist die Option `-T` (number of threads), die die maximale Anzahl von Threads definiert.

Voreingestellt ist die Option `-f`. Von Null verschiedene Rückgabewerte erzeugt `ulimit` bei Angabe unsinniger Optionen und falscher Argumente oder wenn eine Änderung nicht durchgeführt werden konnte.

umask -p -S *Modus*

Neu erzeugte Dateien erhalten durch umask gesteuerte Permissions (Zugriffsrechte). Beginnt der Inhalt von *Modus* mit einer Ziffer zwischen 0 und 7, interpretiert die Bash *Modus* als Oktalzahl, sonst als symbolische Darstellung der Zugriffsrechte, wie sie auch chmod verwendet. Bei Verwendung von Oktalzahlen subtrahiert die Bash diese Werte von 7 (alle Rechte vorhanden), maskiert also die angegebenen Permissions. Achtung: Bei Verwendung der symbolischen Darstellung erwartet umask die *gewünschten Permissions* und *keine Maske*! Fehlerhafte *Modi* führen zu Rückgabewerten ungleich Null.

Ohne das Argument *Modus* zeigt die Bash die aktuellen Einstellungen oktal an. Die Option -S aktiviert die Ausgabe in symbolischer Darstellung, durch -p nutzt die Bash eine wiederverwendbare Schreibweise. umask terminiert mit Null.

Anmerkung: Aus Sicherheitsgründen empfiehlt sich die Anwendung von umask am *Anfang* von Shellskripten.

unalias -a *Name* ...

Dieser Befehl löscht ein Alias. Mit der Option -a(ll) löscht die Bash alle Alias-Definitionen. Einen von Null verschiedenen Rückgabewert generiert die Bash nur bei Angabe ungültiger *Namen*.

unset -fv *Name* ...

Namen von Variablen oder Funktionen lassen sich nur mit unset löschen, falls sie einmal deklariert wurden. Dies entfernt sie aus dem Environment, was auch die Vererbung in neu entstehende Environments unmöglich macht. Voreingestellt (oder durch -v) interpretiert die Bash *Name* als Variable, von denen sie schreibgeschützte nicht löscht – siehe readonly (S. 115). Einige Variablen verlieren ihre Bedeutung, wenn sie einmal gelöscht wurden, auch bei erneuter Deklaration: $RANDOM, $SECONDS, $LINENO, $HISTCMD, $FUNCNAME, $GROUPS und $DIRSTACK. -f veranlasst die Bash, *Name* als Funktion zu interpretieren.

Der Versuch, schreibgeschützte Variablen oder Funktionen zu löschen, führt zu einem von Null verschiedenen Rückgabewert.

until *Bedingung* ; do *Befehle* ; done

Solange *Bedingung* einen (Rückgabe-) Wert ungleich Null liefert, führt die Bash *Befehle* aus. Bei jedem Durchlauf erfolgt einen neue Auswertung der *Bedingung*; enthält sie mehrere Befehle, entscheidet der letzte. until ! *Bedingung* entspricht while *Bedingung*.

wait *Rückgabewert* ...

Normalerweise wartet die Bash nicht auf das Ende von Hintergrundprozessen. Durch wait ist das aber möglich, wobei die Shell den Rückgabewert des Prozesses durch diesen Befehl erhält. Ohne optionalen Parameter wartet die Bash auf alle zuvor gestarteten Jobs, der Rückgabewert ist dann Null. Möglich ist aber auch die Übergabe einer PID oder Jobspezifikation, siehe Abschnitt *Hintergrundprozesse: Jobs* (S. 80). In diesem Fall wartet die Bash auf alle mit dem Job verbundenen Prozesse, von denen der letzte den Rückgabewert übergibt. Falls *n* einen ungültigen Wert hat, terminiert wait mit einem Rückgabewert von 127.

Neu ab der Version 4.0 ist die Shelloption checkjobs, auf Seite 120, die vor dem Terminieren der Shell nachprüft, ob noch laufende Jobs vorhanden sind. Siehe auch *Hintergrundprozesse: Jobs* auf auf Seite 80. Ab Version 4.1 erkennt die Bash ein SIGCHLD bei gesetztem SIGCHLD-Trap nur noch im POSIX-Modus.

while *Bedingung* ; do *Befehle* ; done

Solange *Bedingung* einen (Rückgabe-) Wert von Null liefert, führt die Bash *Befehle* aus. Bei jeden Durchlauf erfolgt einen neue Auswertung der *Bedingung*; enthält diese mehrere Befehle, entscheidet der Rückgabewert des letzten, ob die Bedingung erfüllt ist.

while ! *Bedingung* entspricht until *Bedingung*.

Siehe auch for (S. 106).

Anhang

Sonderzeichen der Bash

Tabelle 10 auf der nächsten Seite fasst die Zeichen zusammen, die eine besondere Bedeutung für die Bash haben bzw. von ihr in besonderer Weise interpretiert werden. Außerdem erhalten eine Reihe weiterer Zeichen in einem bestimmten Kontext (etwa in einem Muster) besondere Funktionen.

Komplettierungen

Tabelle 11 auf der nächsten Seite fasst die wichtigsten Readline-Komplettierungen zusammen. Dies sind die Readline-Variablen:

bell-style `audible` (voreingestellt) meldet Bell akustisch, mit `visible` geschieht dies durch einen Blitz. `none` unterdrückt sie.

comment-begin definiert ein von `insert-comment` eingefügtes Kommentarzeichen.

bind-tty-special-char `on` versucht, Readline-Sonderzeichen analog zu denen des Terminaltreibers zu konfigurieren.

completion-ignore-case mit `on` lässt Readline Groß-/Kleinschreibung bei Komplettierungen unberücksichtigt; Voreinstellung: `off`.

completion-query-items Maximale Anzahl möglicher Komplettierungen, die direkt (ohne Rückfrage) ausgegeben werden.

Code	Bedeutung
~	Homeverzeichnis
'	Backtick, für Befehlsersetzungen
#	Kommentarzeichen
$	referenziert Variablen
&	startet Zeile als Hintergrundprozess
;	verbindet Befehlszeilen
|	Pipeline, verbindet Befehlszeilen
*	Joker (steht für beliebige Zeichen)
?	steht für ein beliebiges Zeichen
[...]	Begrenzt (Zeichen-) Bereiche, führt Tests aus
{...}	Befehlsblock oder -gruppe
(...)	Ausführung in einer Subshell
"..."	schwache Quotes, expandieren Variablen
'...'	starke Quotes, keine Expandierungen
\	maskiert das folgende Zeichen
>,<	Redirection-Operatoren
!	Bang, Negation in Pipes, Invertierung in Bereichen

Tabelle 10: Sonderzeichen der Bash

Tasten	Funktion
[Tab]	versucht kontextabhängige Komplettierung
[Esc][?]	Zeigt mögliche Komplettierungen
[Esc][/]	komplettiert Dateinamen
[Ctrl][x] [/]	zeigt mögliche Dateinamenkomplettierungen
[Esc][~]	komplettiert Usernamen
[Ctrl][x] [~]	zeigt mögliche Usernamenkomplettierungen
[Esc][$]	komplettiert Variablennamen
[Ctrl][x] [$]	zeigt mögliche Variablennamenkomplettierungen
[Esc][@]	komplettiert Hostnamen
[Ctrl][x] [@]	zeigt mögliche Hostnamenkomplettierungen
[Esc][!]	versucht Befehlskomplettierungen
[Ctrl][x] [!]	zeigt mögliche Befehlskomplettierungen
[Esc][Tab]	versucht Historykomplettierungen

Tabelle 11: Komplettierungen der Bash

convert-meta on (voreingestellt) erlaubt 8-Bit-Eingabezeichen, off
löscht das achte Bit und sendet esc.

disable-completion on verhindert Wortkomplettierungen; Voreinstellung: off.

editing-mode Editiermodus emacs oder vi.

enable-keypad on aktiviert Ziffernblock (und manchmal auch die Cursortasten); Voreinstellung: off.

expand-tilde on aktiviert Tildenersetzungen bei Wortkomplettierungen; Voreinstellung: off.

history-preserve-point Mit on versucht Readline, den Cursor bei Historykomplettierungen an der gleichen Stelle zu lassen.

horizontal-scroll on scrollt überlange Zeilen, statt sie – wie durch off voreingestellt – zu umbrechen.

input-meta, meta-flag on für 8-Bit-Eingaben, Voreinstellung: off.

isearch-terminators Voreinstellung: [Esc] und [Ctrl][J]; enthält Zeichen, die eine Suche abbrechen.

keymap setzt die aktuelle Keymap, siehe bind (S. 94).

mark-directories on lässt Readline »/« an Verzeichnisnamen hängen; Voreinstellung: off.

mark-modified-lines on markiert modifizierte Historyzeilen mit *; Voreinstellung: off.

mark-symlinked-directories on lässt Readline »/« auch an Namen hängen, die als symbolische Links auf Verzeichnisse weisen; Voreinstellung: off.

match-hidden-files Mit on lässt Readline auch mit einem Punkt beginnende Dateinamen als Treffer zu.

output-meta on erlaubt direkte Darstellung von 8-Bit-Zeichen.

page-completions on (voreingestellt) lässt Readline umfangreiche Ausgabe wie durch more anzeigen.

print-completions-horizontally Mit on sortiert Readline Ausgaben horizontal, statt – wie voreingestellt – vertikal.

show-all-if-unmodified zeigt mehrdeutige Ausgaben direkt an, bis weitere Eingabezeichen erforderlich sind; Voreinstellung: off.

show-all-if-ambiguous zeigt mehrere Komplettierungsmöglichkeiten; Voreinstellung: off, erzeugt Bell.

visible-stats on markiert Dateien anhand von durch `stat` ermittelten Typen mit einem Zeichen; Voreinstellung: `off`.

Neue Variablen und Funktionen

Eine Reihe neuer Variablen und Funktionen stehen bei der Bash ab Version 4.0 zur Verfügung. Folgende Zusammenfassung fasst die wichtigsten zusammen:

- `shell-forward-word` und `shell-backward-word` berücksichtigen Metazeichen und Quotes, wobei sie wortweises Springen ermöglichen.
- `shell-backward-kill-word` und `shell-kill-word` berücksichtigen gleiches, killen dabei wortweise.
- `history-size` enthält ein Maximum für in der History gespeicherte Einträge.
- Die Variable `revert-all-at-newline` bewirkt, dass accept-line alle vorherigen Änderungen an der Historyzeile rückgängig macht.

Eine Zusammenfassung aller Readline-Features enthält die Datei `rluserman.info`. Meistens geben auch `man readline` bzw. `info readline` ausreichende Informationen aus.

Weiterhin nutzt die programmierbare Komplettierung die gleichen Zeichen, wie die Readline-Funktion, um Befehlszeilen in Worte aufzuspalten. Und: Es gibt eine (noch nicht vollständige) Unterstützung von Komplettierungen für Befehlsnamen in Wörtern mit Metazeichen.

Glossar

Array siehe Variablen.

blank Leerzeichen, (*white space*), erzeugt durch einfache Leerzeichen (dargestellt als *)oder (horizontale) Tabulatoren. Siehe auch $IFS (S. 70).

builtin In der Bash eingebauter Befehl, wird normalerweise anstelle eines gleichnamigen (externen) Programms ausgeführt. Siehe auch builtin (S. 95).

control character Siehe Steuerzeichen.

exit status Siehe Rückgabewert.

Expandierung Automatisches Generieren von Wörtern, gesteuert durch Komplettierungsoptionen, siehe Seite 98.

Felder (*fields*) Aus Expandierungen resultierende Token, siehe Abschnitt *Wortersetzungen* (S. 51). In Befehlszeilen interpretiert sie die Bash als Befehle, Argumente und Operatoren.

{geschweifte Klammern} Befehlsgruppen, Begrenzung von Parametern bzw. Variablennamen, Klammerersetzungstexte.

Job Hintergrundprozesse heißen im Bash-Kontext Jobs, siehe Abschnitt *Hintergrundprozesse: Jobs* (S. 80). Sie lassen sich umfassend manipulieren.

Joker Universelles Metazeichen, meistens für Dateinamen: *.

Metazeichen Sonderzeichen, die eine spezielle Funktion haben und die die Bash nicht als Zeichen (literal) interpretiert. Metazeichen sind |, &, ;, (,), <, >, ', <">> und Leerzeichen sowie /, siehe auch Tabelle 10 auf Seite 132 .

Quotes – siehe Abschnitt *Quoting* (S. 35) – maskieren Metazeichen, so dass die Bash sie literal interpretiert. Metazeichen sind keine Steuerzeichen im Sinn der Bash.

Modi sind unterschiedliche Betriebszustände der Bash, in denen bestimmte Features (nicht) zur Verfügung stehen, bzw. auf spezielle Art wirken, siehe Kapitel auf Seite 83.

Namen (oder *identifier*) sind aus Buchstaben, Ziffern und/oder dem Unterstrich zusammengesetzte Wörter, die von der Bash als Bezeichner von Variablen, Funktionen oder Befehlen interpretiert.

Option Es gibt eine Reihe von Optionen im Zusammenhang mit der Bash, die teilweise ganz unterschiedliche Bedeutungen haben:

Shelloptionen steuern interne Funktionen der Bash, beispielsweise Komplettierungen, die Auswertung von Metazeichen usw. Die Bash verwendet zwei Builtins, um diese Funktionen auch zur Laufzeit manipulieren zu können: set und shopt.

Befehlszeilenoptionen steuern interne Funktionen beim Start von Programmen – auch die Bash verfügt über solche, siehe Abschnitt *Befehlszeilenoptionen* (S. 11).

Operator Steuern grundlegende Funktionen in der Befehlszeile. Zwei Typen von Operatoren unterstützt die Bash: *controll operator* (|, &) und Umleitungsoperatoren (*redirection operator*), siehe Abschnitt *Umleitungen (Redirections)* (S. 26).

Parameter »*A parameter is an entity that stores values.*« Der Begriff wird unterschiedlich verwendet, meint aber meistens Variablen, manchmal Positionsparameter (oder auch Argumente).

Permissions Zugriffsrechte, siehe umask (S. 129).

POSIX (Abk. für »*portable operating system interface*«) maßgeblicher Standard für Unix-Systeme und vieler Komponenten. Heute wird überwiegend POSIX 1003.1 oder 1003.2 verwendet, was die Bash weitgehend unterstützt.

Prozess Laufende Programme werden als Prozesse bezeichnet. Sie lassen sich mittels Jobkontrolle nachträglich beeinflussen.

Prozessgruppe Prozesse mit der gleichen PGID (*PID group ID*) verwaltet die Bash gemeinsam (sie erhalten gleiche Signale).

redirection Umleitung von Ein- und/oder Ausgaben, siehe Abschnitt *Umleitungen (Redirections)* (S. 26).

return code siehe Rückgabewert.

Reservierte Wörter (*reserved words*) haben eine besondere Bedeutung in Bash-Befehlszeilen, viele steuern Programmabläufe.

Rückgabewert 8-Bit-Integerzahl, die aufgerufene Programme oder eingebaute Befehle am Ende ihrer Laufzeit als Kurzinformation über den Ablauf generieren. Nur ein Rückgabewert von Null zeigt einen fehlerfreien Programmlauf an, alle anderen Werte signalisieren Probleme, die in der Programmdokumentation beschrieben sein sollten. (*short circuit*) Tests (siehe Seite 17 und 123) werten Rückgabewerte aus.

Shellvariablen setzt und verwaltet die Bash automatisch. Sie lassen sich wie normale Umgebungsvariablen referenzieren, Zuweisungen sind aber normalerweise weder sinnvoll noch möglich, bzw. ohne Wirkung.

Steuerzeichen (control character) Sonderzeichen, die bestimmte Steuerfunktionen in einer Befehlszeile übernehmen. Die Bash verwendet neben NL folgende Steuerzeichen: |, ||, &, &&, ;, ;;, (,).

Nicht zu den eigentlichen Steuerzeichen gehören, obwohl sie auch abhängig vom Kontext besondere Bedeutungen und/oder Funktionen haben, folgende Zeichen: !, !!, ., :, Tab, #, ', ', ", >, <, », «, «<, , {, }, [,], *, ■ und einigen mehr...

Signale können Prozesse zur Laufzeit zu bestimmten Aktionen (beispielsweise dem erneuten Einlesen von Konfigurationsdateien, der Ausgabe zusätzlicher Informationen usw.) veranlassen. Viele Signale lassen sich in Skripten oder Funktionen mit dem eingebauten Befehl `trap` (S. 126) abfangen, andere wertet der Kernel unmittelbar aus. Bei durch Signalen beendeten Prozessen generiert die Bash Rückgabewerte in der Form *Signalnummer* + 128.

Spezielle Builtins definiert POSIX, siehe Abschnitt *Spezielle Builtins* (S. 89).

Terminalsignale Einige Tasteneingaben interpretiert die Bash als Signale, die sic an Prozesse sendet, wo sie bestimmte Aktionen auslösen können. Wichtige Terminalsignale erzeugen [Ctrl][c], [Ctrl][d], [Ctrl][\].

Token Sind die kleinsten syntaktischen Einheiten der Shell, die aus einem oder mehreren Zeichen bestehen können. Es handelt sich entweder um Operatoren oder um Wörter (words).

white spaces Allgemeine Bezeichnung für Leerzeichen. Das können einfache Leerzeichen, (horizontale) Tabulatoren oder in bestimmten Situationen auch durch Zeilenumbrüche (*new lines*: NL) sein. Siehe auch $IFS.

Variablen (Kapitel auf Seite 67) speichern Werte; sie entstehen durch Zuweisungen in der Form *Variable=Wert*. Der Zuweisungsoperator += ermöglicht das Anhängen von Werten an bestehende Variablen. Die Bash unterstützt Arrays mit beliebig vielen Elementen. Den Index (bei Null beginnend) erwartet die Bash in eckigen Klammern: ${Array[i]}. Leere Variablen ($Variable="") unterscheidet die Bash von ungesetzten.

Der Variablenname kann aus Buchstaben, Ziffern, dem Unterstrich und (bei Shellvariablen) Sonderzeichen (etwa @) bestehen. Enthält *Wert* Leerzeichen, müssen diese maskiert werden, typischerweise durch Quotes. Einige Variablen verlieren ihre Funktion, falls sie einmal gelöscht wurden.

`$Variable` referenziert eine Variable, wobei deren Name bei Bedarf zwischen geschweiften Klammern (`${Variable}`) stehen kann bzw. muss. In dieser Form sind besondere Expandierungen – Abschnitt *Expandierungen* (S. 37) – möglich.

word Token, die keine Operatoren sind, interpretiert die Bash als Wörter.

Zugriffsrechte Permissions, siehe `umask` (S. 129).

Index

G

H